그나저나 나는
지금 과도기인
것 같아요

그나저나 나는 지금 과도기인 것 같아요

여자의 서른 그 후,
달라지는 것들에 대하여

김재용
산문집

싶

/ 글을 쓰며

그 나이 땐 누구나 그래요

"우와 우와!"

대여섯 살로 보이는 여자아이와 엄마가 비눗방울 놀이를 하며 탄성을 지릅니다. 아이가 입바람을 후, 후 불 때마다 허공으로 퍼져 나가는 비눗방울들. 봄 햇살을 받아 더 영롱한 무지갯빛으로 반짝입니다. 비눗방울을 잡으러 뛰어다니는 아이와 엄마를 보고 있으려니 나도 덩달아 동심으로 돌아간 듯합니다. 그러다 문득, 저 여자아이가 서른 쯤 되었을 때 세상은 어떻게 변해 있을까 궁금해졌습니다. 여자로 살기 여전히 힘든 세상일까요, 아니면 더 좋은 세상이 될까요?

여자 나이 서른이면 결혼, 출산, 육아라는 큰 변화가 찾아옵니다. 결혼 전에는 결혼해야 할지 말아야 할지 고민이다가 결혼을 하고 나면 일과 육아, 살림에 적응하느라 무진

애를 먹죠. 때로는 젖소처럼, 때로는 밥통처럼 폭풍 같은 시간을 살다 보면 30대가 훌쩍 날아가 버리고요. 그러다 보면 나는 도대체 무엇을 위해 사는 건지 내 정체성에 의문이 들기도 하고, 활짝 피어보지도 못한 채 이렇게 끝나는 건가 싶어 무서워지기도 합니다. 게다가 남녀평등이라는 말은 허울일 뿐, 남편들의 사고는 옛날 그대로 머물러 있어서 속이 터질 때가 한두 번이 아니죠. 육아와 살림을 당연히 해야 할 일이라고 생각하는 게 아니라 도와준다고 생각하니 수시로 울컥합니다. 남자는 결혼을 해도 별로 달라지는 게 없는데 여자만 왜 이렇게 살아야 하나 손해 본다는 느낌이 들곤 하죠. 나이 먹어가면서 느끼는 몸과 마음의 변화는 또 어떻고요. 40대가 넘으면 갱년기마저 찾아와 느닷없이 우울해지곤 합니다. 공자는 30세를 독립적인 삶을 살아야 할 때라고 '이립', 40세를 어떤 유혹에도 넘어가지 않을 나이라고 '불혹'이라 했다지만 '이립'이 아니라 모든 것과 '이별'하고 싶고, '불혹'이 아니라 '부록'으로 전락한 것 같습니다.

여자로 살다 보면 누구나 다 이런 과도기를 겪지요. 나도 지금 갱년기라는 과도기를 지나고 있는데요. 30, 40대의 과도기를 넘고 났더니 그럭저럭 지낼 만합니다. 과도기 중에서 30, 40대의 과도기가 제일 넘기 힘들죠. 아가씨와 아줌마의 중간 지점, 처음 살아보는 어중간한 나이에다 경험도 별로 없으니 혼란스러운 건 당연합니다. 곧 죽을 것처럼 힘들고, 이러다가 내 인생이 끝장나는 건 아닌가 하는 위기감이 들기도 하지만 아이러니하게도 성장할 기회가 왔다는 신호이기도 해요. 과도기는 성장하는 이들만이 느낄 수 있는 하나의 특권이니까요. 모든 경계에는 꽃이 피고 흔들리지 않고 피는 꽃은 없다는 시구처럼 지금은 '나다운 삶'을 찾아가는 과정입니다. 먹고, 입고, 자고, 쉬고, 일하는 모든 여자의 삶에 있어서요. 나 역시 이 과정을 지나온 사람으로서 얼마나 힘든 시기인지 잘 알고 있습니다. 40년에 가까운 시간 동안 누군가의 아내로, 엄마로, 며느리로 살고 보니 과도기를 겪고 있는 모든 여성에게 말하고 싶었어요. 엄마나 아내 역할에만 매달려 있지 말고 나의 정체성을 지금부터 찾고 또 가꿔 가라고요. 그저 시간을 뒤쫓는 게 아니라 조용히 자신에게 일어나는 변화를 받아들이고 성장하는 계기로 삼으면 어떨까요?

  이 책은 힘겹게 인생의 과도기를 넘어가고 있는 여성들

을 위해 썼습니다. 나도 그때는 몰랐지만 지금 알게 된 것들을 더 늦기 전에 알려주고 싶었어요. 여자로 살면서 무엇을 버리고 무엇을 갈고닦아야 하는지, 어떻게 하면 나도 돌보면서 주위 사람 모두 행복할 수 있을지, 여자로 나이 드는 게 과연 무엇인지에 관한 얘기를 담았습니다. 여자로 사는 게 고단했지만, 그것을 견딜 만한 것들을 찾아다니고, 서글퍼지면 한바탕 울어가면서 살아온 나의 기록들이지요. 여자로 살기 힘든 세상에서 먼저 살아본 인생 선배의 얘기를 귀담아들어 보면 시행착오와 불안감을 조금은 줄일 수 있지 않을까요?

외로울 때 아무 말 없이 곁에 있어 주는 책이었으면 좋겠습니다. 힘들고 답답할 때마다 찾아보기 쉽게 책 뒤에 키워드별로 색인표도 덧붙였습니다. 어느 한 꼭지의 글에서나마 작은 위로의 빛 하나 건져 올린다면 좋겠어요. 분명 좋은 날들이 펼쳐질 겁니다! 부디 지치지 말고 한 걸음 한 걸음 행복의 길을 향해 걸어 나가시길….

벚나무 가지에 꽃망울이 툭툭 불거진 무렵,
김재용

차례

글을 쓰며   4

001   12
▼   ▼
069   242

이 책에 나오는 이야기 찾아보기   246

001

감성이 메마르면
삶도 메마른다.
때로는 밥심보다 꽃심이어야 한다.

꽃처럼 살고 싶었다. 척박한 땅일지라도 땅을 탓하지 않고 피어나 향기를 뿜는 꽃. 그런데 그게 어디 쉬운 일인가. 남편은 집안일에 통 관심이 없고, 나는 연년생 아이들 돌보랴, 시집살이하랴 혼을 빼고 살았다. 이게 아닌데, 이렇게 살고 싶었던 건 아닌데…. 두루두루 견딜 만하다가도 더는 참을 수 없는 날에는 꽃집으로 갔다. 계절에 상관없이 꽃을 볼 수 있는 곳으로 가는 설렘의 시간이 좋았고, 꽃 한 다발을 사서 집으로 돌아오는 그 순간만큼은 세상에서 제일 행복한 여자가 된 것 같았다.

어느 날이던가? 유치원에 다니던 딸이 물었다.

"엄마! 꽃은 금방 시들어서 버릴 텐데 왜 자꾸 사와? 돈 아깝게?"

"응, 너희들 꽃처럼 예쁘게 크라고!"

말은 이렇게 했지만 사실은 나를 위한 거였다. 아무리 힘든 일이 있어도 식탁 위에 핀 꽃을 바라보고 있으면 그나마 숨통이 트이는 것 같았다. 시인 타고르가 "어리석은 사람은 서두르고, 영리한 사람은 기다리지만, 현명한 사람은 정원으로 간다."고 했듯 나는 그때 꽃에서 좀 더 현명하게 사는 법을 배우고 싶었는지도 모른다. 덕분에 딸이 세상에 태어나 제일 처음 배운 말이 '꽃'이었다.

요즘은 '먹방'이 대세다. '먹방'을 볼 때마다 나는 음식을 찍는 카메라의 앵글을 꽃이 예쁘게 피어 있는 집으로 옮겨 보면 어떨까 하는 상상을 해보곤 한다. 앵글에 싱그럽게 잡힌 꽃들을 보며 꽃 이름은 뭔지, 꽃말은 뭔지, 어떻게 키우면 되는지 알려주면 사람들의 마음도 꽃처럼 아름답게 물들어갈 텐데. 흔히 '밥심'으로 사는 거라고 하지만 더 중요한 건 '꽃심'이 아닐까 싶다. 내 안의 꽃이 조금씩 사그라져 갈 즈음, 꽃을 보며 아름다움을 채울 수 있다면 진정으로 행복한 마음이 들 테니까. 내 숨결이 바람 되는 그 날까지 나는 '밥심'보다 '꽃심'으로 살고 싶다. 그러면 꽃의 향기보다 더 진한 나의 향기가 오래 남지 않을까. 인향만리人香萬里라는 말처럼.

002

품격 있게 늙어가고 싶다.
누군가 나를 보며
나도 저렇게 나이 들고 싶다고
생각할 수 있게.

'어, 이 사람이 누구지?'

조간신문 인터뷰 기사에 나온 한 여인의 사진에 눈이 번쩍 뜨였다. 회색빛 머리에 하와이 꽃 장식, 자연스럽게 잡힌 주름, 한껏 올라간 입꼬리, 단아한 표정과 눈빛이 우아해 보였다. 배우 문숙. 스물세 살 연상의 이만희 감독과 결혼했지만 사별한 뒤 미국에서 살았다고 한다. 그녀는 인터뷰에서 주름이 많고 주근깨까지 있는 자신의 얼굴이 자랑스럽다고 했다. 주름이 많다는 건 햇빛을 많이 받으며 재미있게 살았다는 증거라고. 남들이 화장할 시간에 명상했고, 옷 사들이는 시간에 하늘을 봤다고 한다. 그녀는 세월을 피하려고 애쓰는 게 아니라 정면으로 마주하며 만면에 싱그러운 미소와 눈빛을 채워간 것이다.

아, 우리나라에도 오드리 헵번처럼 아름다운 배우가 있었다니! TV에 나오는 나이 든 연예인들의 민망하리만큼 팽팽한 얼굴과는 품격이 다르게 느껴졌다. 그녀의 품격은 品이라는 한자의 입 구口 자가 서로 떨어져 있는 것처럼, 남의 눈을 의식하지 않고 명상하며 내면을 채워온 아름다움에서 나온 것이리라.

'자연스럽게 나이 들었다'는 말과 '아름답다'는 말은 같은 의미가 아닐까. 멈출 수 없는 것이 세월이고, 피할 수 없는 것이 늙음이다. 나이를 한 살 한 살 먹어갈수록 머리숱은 적어지고 남은 머리칼마저 하얗게 세어버린다. 피부 탄력도 쭉쭉 떨어져 아무리 좋은 시술을 받아도 40대가 20대로 보이진 않는다. 그렇다면 되돌릴 수 없는 것들을 되돌리려고 혼이 빠져 살 게 아니라 나이 들면서 알게 되는 삶의 깨달음에 더 신경 쓰며 살아야 하리라.

　세월에 반기를 드느라 표정조차 부자연스러운 사람으로 나이 들고 싶지는 않다. 웃을 때마다 주름이 부챗살처럼 펼쳐져도 맘껏 웃고, 하늘과 바람과 꽃과 나무의 속삭임을 들으면서 자연의 색깔로 곱게 물들고 싶다. 나, 그렇게 늙어가고 있는 걸까?

003

나는 요즘 젊었을 때 쓰지 못했던
지극한 모성애를 발휘하고 있다.
모성에도 총량의 법칙이 있다.

엄마라는 유전자 속에는 모성애와 죄책감이 동시에 존재하는 걸까. 친구들 모임에 가면 다들 이구동성으로 말한다. 자식들에게 잘해주지 못해서 미안하다고. 오로지 자식만을 위해 희생하며 산 친구조차 죄책감에 시달리는 걸 보면 죄책감은 모든 엄마가 갖는 원죄에 가깝다는 생각이 든다. 나도 이런 죄책감에서 자유롭지 못해 수시로 나 자신을 경계한다. 과도한 죄책감이 과잉보호를 낳고, 과잉보호는 자식들의 홀로서기를 방해한다고 생각해서다.

엄마란 원래 미숙한 존재라는 것, 완벽할 수 없다는 것만 인정해도 아이 키우는 게 조금은 덜 힘들지 않을까 싶다. 어느 날 갑자기 엄마가 되었으니 몰라서 못 하는 것도 있고, 에너지가 바닥나서 못 할 수도 있다. 오히려 완벽한 엄마가 아이를 망친다는 연구결과를 영국의 의사 도널드 위니컷이 발표한 적도 있으니, 완벽하지는 않아도 최선을 다하고 있다고 편하게 생각하면 어떨까.

'지랄 총량의 법칙'이라는 게 있다. 누구나 평생 써야 하는 '지랄'의 총량이 정해져 있어서 죽기 전까지는 다 쓰게 되어 있다는 것이다. 사람마다 발현 시기가 달라서 젊었을 때 다 떨지 못하면 나이 들어서 떨게 된다는 것에 몹시 공감했다. '모성'에도 '총량의 법칙'이 존재한다고 생각되었기 때문이다.

나는 요즘 젊었을 때 쓰지 못했던 모성 마일리지를 열심히 쓰고 있다. 아침밥을 안 먹고 출근하는 아들에게 직접 갈아 만든 과일 주스와 토스트를 들려 보내고, 시집간 딸에게 수시로 반찬을 만들어 나른다. 혹여 상할까 딸 전용 아이스백까지 만들어서. 아이들이 어렸을 때 자기계발을 한다는 명분으로 뜨겁게 사랑해주지 못한 걸 이제야 보상하고 있다는 생각이 들어서 마냥 즐겁다.

사람마다 모성 총량도 다르고 써야 하는 시기도 다르다. 다른 엄마들과 비교하면서 의기소침해질 필요도 엄마 노릇 제대로 못 한다고 죄책감에 시달릴 필요도 없다. 모성 마일리지는 없어지지 않으니까 시간적 여유가 생길 때 두고두고 쓰면 된다. 엄마 노릇은 졸업도 정년도 없이 죽을 때까지 해야 하는 거니까. 좋은 엄마가 되어 주지 못한다는 죄책감에 시달릴 게 아니라 차라리 여유로운 마음을 갖고 잘 웃는 엄마가 되어 주는 게 어떨까.

아이에 대한 미안함이 봄날 새싹처럼 고개를 내밀 때, 씩 웃으며 딱 네 마디 주문을 외워보자.

'지인지살.'
'지 인생은 지가 살아가는 거'라고.

004

중년이 되면
시도 때도 없이 외로움을 느낀다.
혼자 노는 방법을 찾아놓아야 한다.

중년이 된 후로 혼자 노는 게 좋아졌다. 어디선가 아카시아 향기가 코끝에 닿던 봄밤, 향기에 이끌려 밖으로 나갔다. 가로등 불빛이 은은하게 퍼지는 동네 길을 걷다 무심코 하늘을 올려다보는데 보름달이 두둥실 떠 있었다.

"어머, 저 달 좀 봐, 참 탐스럽지 않니?"

"그러게. 이렇게 달을 본 지가 언제야? 하늘을 올려다본 지도 정말 오랜만이다!"

내가 나에게 말을 걸었고, 또 다른 내가 대답했다.

그날부터였다. 내가 좋아하는 노래를 들으며 산책을 하고, 공원으로 나가 운동 기구로 몸도 풀었다. 벤치에 앉아 몸에 힘을 빼고 후후 길게 숨을 빼는 연습도 했다. 사람들 속에 있을 때는 모습을 드러내지 않던 내가 조금씩, 아주 조금씩 보이기 시작했다. 나는 어떤 사람인지, 내가 뭘 원하는지, 어떻게 살고 싶은지.

예전에는 사람들과 함께 있고 싶었다. 외로우니까 외롭지 않으려고. 그렇지만 '군중 속의 고독'이라는 말처럼 사람들과 함께 있을 때도 외로운 건 마찬가지였다. 오히려 혼자 있는 시간이 늘어날수록 텅 빈 것 같은 마음이 조금씩 채워져 갔다. 나는 혼자 있어서 외로운 게 아니라 혼자 있지 못해서 외로운 거였다. 어느 철학자가 인간은 방 안에 혼자 있지 못한 데서 불행이 시작되었다고 하더니 딱 나를 두고 하는 말이구나 싶었다.

  노후 준비라고 하면 경제적인 걸 제일 먼저 떠올리기 쉽지만, 더 중요한 건 혼자 잘 노는 기술 개발이 아닐까 싶다. 혼자 잘 놀지 못하면 가족이나 사람들에게 집착하게 되고, 그러다 보면 실망이 커져서 더 외로워질 수밖에 없다. 혼자만의 시간을 즐겁게 보내는 것도 능력이다. 수명은 더 길어지고, 각자도생하는 시대가 되었으니.

주부도 안식 휴가가 필요하다.
'여보, 일 년만 나를 찾지 말아주세요.
내가 나를 찾아서 올 테니…'

겨우내 두통이 가시지 않았다. 쉽게 피로했고, 쉽게 지쳤다. MRA와 CT까지 찍어봤지만 아무 이상 없었다. 의사는 스트레스가 많아서 그러니 쉬라고만 했다. 쉬라니, 마음대로 쉴 수도 아플 수도 없는 게 주부 아닌가. 내 삶 또한 내 몸과 비슷했으리라. 침대에 환자처럼 누워 책을 보다가 시 한 수를 발견했다. 문정희 시인의 '공항에서 쓸 편지'였다.

여보, 일 년만 나를 찾지 말아주세요
나 지금 결혼 안식년을 떠나요
그날 우리 둘이 나란히 서서
기쁠 때나 슬플 때나 함께하겠다고
혼인서약을 한 후
여기까지 용케 잘 왔어요.
(…)
하지만 일 년만 나를 찾지 말아주세요
병사에게도 휴가가 있고
노동자에게도 휴식이 있잖아요
조용한 학자들조차도
재충전을 위해 안식년을 떠나듯이

이제 내가 나에게 안식년을 줍니다
여보, 일 년만 나를 찾지 말아주세요
내가 나를 찾아가지고 올 테니까요

이토록 강렬하게 내 마음을 흔들어놓은 게 또 있을까. 무작정 오픈티켓을 끊어 딸이 유학하고 있는 밴쿠버로 떠났다.
다음 날 한국에 있는 남편이 물었다.
"거기는 언제까지 있을 건데?"
"글쎄…. 그런데 여기 오자마자 두통이 사라졌어. 신기하지?"
밴쿠버에 머물며 아무 때나 일어나고, 소나기가 오면 맨몸으로 맞고, 맨발로 숲길을 걸으면서 꿈결 같은 휴가를 보냈다. 내 평생 다시 오지 않을 마지막 여행인 것처럼. 몇 개월간의 온전한 자유를 즐기면서 두통은 흔적 없이 사라졌고 내 얼굴은 꽃처럼 피어났다.
나뿐만 아니라 몸과 마음이 아팠던 많은 사람이 휴가를 통해 치유되었다는 말을 자주 듣는다. 누구나 자신의 아픔을 치유해줄 수 있는 종합병원 하나쯤은 갖고 있어야 한다. 그것이 산책이든, 여행이든, 기도든.

  특히 주부에게는 꼭 안식 휴가가 필요하다. 남편 때문에, 아이들 키우면서, 시댁과의 관계 속에서 눈물 한 방울 안 흘려본 주부가 과연 얼마나 될까. 남몰래 흘렸을 눈물에 대한 보상이 주어져야 소진되는 에너지를 다시 충전할 수 있다. 주부 자신부터 가족이 불편할까 봐, 집 안이 엉망일까 봐 용기가 안 날 수도 있다. 그렇지만 가족이 좀 불편해지고, 집 안이 엉망이 되면 어떤가. 오히려 가족들이 각자의 자리에서 무엇을 해야 하는지 깨닫게 되고 엄마나 아내의 소중함을 알게 될 텐데. 내가 아니면 안 된다는 마음을 버리는 순간, 안식 휴가는 시작된다.

  아마도 나는 죽을 때까지 일 년에 적어도 한 번은 나만의 휴가를 떠날 것 같다.

남편과 냉전을 벌이면
말 그대로 '생지옥'이다.
미워하는 것보다
사랑하는 게 더 쉽다.

두어 달, 남편 때문에 마음을 끓였더니 속이 체한 듯 더 부룩했다. 조금만 신경 쓸 일이 생기면 바로 소화가 안 된다. 외출했다가 죽집으로 들어갔다. 구석 자리에 앉아 야채죽을 시켰더니 쟁반에 죽과 오밀조밀한 밑반찬이 담겨 나왔다. 해진 무명 옷깃처럼 나긋나긋하게 풀어져 있는 죽을 숟가락으로 가장자리부터 떠 한 입 먹었다. 부드러운 게 목젖을 타고 내려가더니 속이 따뜻하게 데워졌다. 얼음장처럼 차갑던 마음이 사르르 풀어지는 것 같았다. 그릇을 다 비우고 쟁반 위에 숟가락을 내려놓다 문득 이런 생각이 들었다.

'죽처럼 내가 먼저 풀어져야 내 위도 풀어지고, 남편의 속도 풀어지겠지…'

집으로 돌아와 노트북을 켜고 남편에게 메일을 썼다. 손편지 쓰는 걸 좋아하는 내가 메일을 쓴다는 건 미운 감정이 아직 덜 풀어졌다는 의미이리라.

남편이 퇴직한 후, 생각지도 않은 데서 서로 감정이 상했다. 남편은 평상시와 다르게 퉁퉁거리고 괜한 일에 짜증부터 냈다. 나도 평소처럼 아무렇지 않게 대할 수가 없었다. 내 마음속에 '그동안 돈 버느라 너만 힘들었냐? 나도 살림하고 시집살이하느라 힘들었다. 나도 좀 주부 퇴직이란 걸 했으면 좋겠다.'는 생각이 있었으니 말이 곱게 나갈 리 만무했다. 서로 얼굴이 벌겋게 달아오르도록 핏대를 올리며 싸웠다. 그 열기라면 한겨울에도 난방이 필요 없었으리라. 그러다 남편의 한마디가 내 입에 재갈을 물렸다.
"지금까지 네 마음대로 하고 살았잖아!"
'내가 뭘? 그동안 자기 엄마랑 동생들 챙기고, 애들 키우느라 얼마나 힘들었는데, 뭘 내가 내 마음대로 해? 그만큼 참고 비위 맞춰줬으면 됐지, 얼마나 더 해야 돼?'
말이 되어 나오지 않는 속말을 혼자 퍼부어대면서 두어 달을 지냈으니 내 속은 석고처럼 굳어져 갔다. 이때까지 내 뱉지 못하고 쌓아두었던 말들을 다, 다, 다, 다 자판에 쏟아내다 보니 '살아'라는 말이 '사랑'이라고 쳐졌다. 아무렴, '살아'가려면 '사랑'이 필요하지! 머리끝까지 차올랐던 분노가 발가락 끝으로 빠져나가는 것 같았다.
메일을 읽은 남편의 표정도 서서히 풀어졌다. 두 달간의 냉전은 두 사람 모두의 패배로 끝이 났다. 괜한 감정싸움은 너무 많은 에너지를 빼앗는다. 소포클레스가 "가장 큰 슬픔은 우리가 자초한 것"이라고 하더니 나 스스로 생지옥을 만들었던 것 같다. 조금 이해하고 넘어갔으면 좋았을걸. 괜히 소화 불량에, 신경성 두통, 주름살까지 덤으로 얻었다. 사랑하는 게 미워하는 것보다 백배 쉽다.

/

007

삶은 견뎌낸 만큼 빛나는 시간을 되돌려준다.
소나기가 한차례 지나고 나서
뜨는 해가 더 빛나는 것처럼.

'콰광, 콰광, 콰르르.'

카페 창밖이 갑자기 어두워지더니 후드득 소나기가 쏟아졌다. 파라솔 밑에서 미술관에 걸린 그림처럼 앉아 있던 사람들이 우왕좌왕하고, 나무들은 온몸으로 비를 받아내느라 안간힘을 썼다. 길에는 순식간에 빗물이 내를 이루며 흐르고, 도로를 달리는 자동차 바퀴 소리가 마치 파도 소리처럼 들렸다. 햇빛 쨍쨍하던 날씨가 갑자기 이렇게 변하다니, 우리의 결혼 생활과 닮았다는 생각이 들었다.

사랑해서 결혼했지만 사랑은 없고 아내, 엄마, 며느리, 형수, 올케라는 역할만 주어진 현실에서 내가 할 수 있는 일이란 고작 눈물뿐이었다. 남편은 시집 식구들 속에 나를 돌멩이처럼 던져 놓고 매일 술에 취해 들어와 양말 벗겨라, 물 가져와라 하며 나를 하녀로 전락시켰다.

"내가 이런 대접을 받으려고 결혼해준 줄 알아? 결혼해달라고 그렇게 조르더니 겨우 이거였어? 이럴 줄 알았으면 결혼하지 않았어." 하고 울자 "그럼 없었던 걸로 하면 되겠네." 하며 혀 꼬부라진 소리하다 쓰러져 코를 골던 남편. 이런 남자를 믿고 평생 어떻게 사나 암담했다. 또 남편은 하나도 희생하는 게 없는데 나만 희생하는 것 같아 억울하기만 했다.

지금은 안다. 결혼 생활이라는 게 늘 행복하기만 한 것이 아니라 고통도 함께한다는 것을. 고통스러웠던 그 시간이 나를 단단하게 키우는 시간이었다는 것을. 행복하다가도 어느 순간 우울해지고, 우울하다가도 회복하기를 반복하며 사는 게 우리의 삶이다.

비행기가 착륙하기 전 10여 분간 객실의 전등을 끄는 이유는 착륙 도중 사고가 발생해 전기가 나갔을 때에 대비한 것이다. 천천히 어둠에 적응한 승객들은 비교적 차분하게 탈출할 수 있기 때문이다. 이처럼 살아가면서 어둠을 경험하면 그만큼 적응력도 함께 길러진다. 내게는 어둠이라고 생각했던 시집살이의 경험이 오히려 소소한 일상에서도 행복감을 느끼게 해준다. 어른이 안 계신 집에서는 커피믹스 한 잔을 마셔도 더 맛있고, 아침밥 차릴 일 없이 늘어지게 늦잠을 잘 수 있다는 것만으로도 행복하다. 그 누구에게는 지루하기만 한 일상이 내게 행복으로 다가오는 건 긴 어둠의 터널을 지나왔기 때문이다.

환한 불빛 아래서는 빛나는 별이 보이지 않고, 햇빛이 마냥 비추기만 하면 사막이 되는 법이다. 우리는 누구나 즐거움보다 퍼즐 조각 같은 고통의 순간순간을 견디며 살아간다. 나만 그런 게 아니라는 것만 알아도 조금은 위안이 된다. 삶은 견뎌낸 만큼 빛나는 시간을 되돌려준다. 소나기가 한차례 지나고 나서 뜨는 해가 더 빛나는 것처럼.

세상에는 다 좋고 다 나쁜 건 없다.
갱년기 증후군도 좋은 게 있다.

매년 한 번씩 종합 검진을 받으러 간다. 검진받으러 갈 때마다 가슴 촬영은 나를 긴장하게 한다. 가슴을 촬영 기계에 밀착시키고 두부 짜듯 누를 때 저절로 터져 나오는 비명. 생각만 해도 온몸이 굳어지고 고개가 절레절레 저어진다. 그런데 웬걸, 이번에는 그리 아프지 않았다. 같은 병원에서 같은 기계로 검사받는 건데 웬일이지? 가만 보니 내 가슴의 탄력이 떨어진 거였다. 아프지 않아서 좋았다고 해야 하나, 아니면 그래도 아픈 게 더 나았다고 해야 하나?

　세상사 모든 일에 다 좋고, 다 나쁜 건 없다. 갱년기 증후군도 때로 좋을 때가 있다. 체력이 급격하게 떨어지니까 몸이 허락하는 선에서 무리하지 않게 되었고, 수시로 몸에 열이 나니까 한겨울도 추운 줄 모르고 지냈다. 얼굴이 빨개지는 상황이 느닷없이 닥칠 때 "제가 지금 갱년기가 와서요." 하며 숨기에도 좋다. 폐경이 되어서 여자로서의 마침표를 찍고 나니 좋아하는 사우나를 아무 때나 할 수 있어서 좋고, 자주 우울해지니 의도적으로 햇볕을 쬐며 산책하기도 한다. 여자로 살아온 인생의 완성, '완경'이라는 말이 나에게 주는 훈장 같다. 열감이 올라올 때마다 나에게 말해준다.

"그동안 애썼어. 여자가 아닌 나 자신으로 돌아온 것, 축하해."

남편은 온종일 소파와 한 몸이 되어
견과류를 씹으며 TV를 본다.
이 낯선 남자와 잘 살아가는
법이란 게 있을까.

식탁에 앉아 책을 보다가 소파에 앉아 있는 남편을 바라보니 참 낯설다. 오월의 풀잎 같던 머리는 어느새 허옇게 서리가 내려앉았고, 경주마 같던 팔팔함은 어디로 가고 장마철의 빨랫감처럼 눅진해 보인다. 배우 같다는 말을 종종 듣던 얼굴은 짜 놓은 빨래처럼 쭈그러졌다. 입고 있는 푸른색 파자마마저 바라고 후줄근해진 게 주인을 똑 닮았다. TV 프로는 뭐가 그리 재미있는지 입을 헤벌리고 히죽히죽 웃어댄다.

우리 남편에게 소파는 1순위 필수품이다. 그다음은 텔레비전과 견과류. 남편은 매일 이 3종 세트를 껴안고 산다. 탁자 위에는 호두, 잣, 땅콩, 아몬드 등 견과류가 종류별로 쌓여 있다. 남편은 온종일 소파와 원 플러스 원 되어 견과류를 씹으며 TV를 본다. 전생에 혹시 'TV 보는 다람쥐'는 아니었을까. 남편의 TV 보는 집중력은 놀라울 정도다. 내가 무엇을 하는지, 나가는지 들어오는지 관심이 없다. 그저 리모컨을 손에서 놓지 않고 이리저리 돌리며 하마처럼 하아악, 하품하다 리모컨을 가슴 위에 얹은 채 잠이 든다. TV 끄고 자라면서 내가 리모컨을 뺏어 들라치면 아니라고, 볼 거라고 얼른 몸을 일으켜 세운다. 그러다 졸고, 졸다가 리모컨이 바닥에 딱, 하고 떨어지는 소리가 들리면 놀란 듯 깨어나 다시 리모컨을 집어 든다. 리모컨에 목숨 걸고 사는 내 남편…. 그 당당하고 멋지던 내 남편 어디로 갔는지 모르시냐고 어디다 대고 물어보고 싶다.

낯선 남자 같은 남편을 보고 있자니 영화 〈뷰티 인 사이드〉가 생각난다. 자고 일어나면 생김새도 나이도 국적도 목소리도 달라지는 남자 우진과 그가 사랑하는 여인 이수(한효주 분)의 이야기다. 영화는 '외모는 매일 변하지만 사랑하는 마음과 추억만은 변하지 않는 남자와 계속 사랑할 수 있을까?'라는 메시지를 던지는 듯하다.

이수는 말한다.

"우진이는 내가 없으면 안 될 것 같아. 나라도 없으면 너무 외롭잖아."

그리고 혼자 조용히 중얼거린다.

'어제의 나는 과연 오늘과 같을까? 변한 건 그가 아니라 내가 아닐까?'

그랬다. 우진이가 외모는 바뀌었어도 내면은 그대로였던 것처럼 내 남편도 마찬가지란 생각이 들었다. 지금까지 살아오면서 남편 모습이 낯설어 보였던 게 어디 지금뿐이던

가. 사이가 좋았을 때와 싸울 때 다르고, 집에 있을 때와 밖에 나갔을 때 다르고, 둘이 있을 때와 여럿이 있을 때 등 수시로 모습이 달랐던 게 남편이다. 진짜 사랑은 상대방을 대하는 자세를 상대에 맞게 바꾸는 것. 나이 들며 달라지는 남편의 모습도 있는 그대로 인정할 수 있어야 제대로 된 부부로 살아갈 수 있다. 마음을 바꿔 나도 이수처럼 조용히 중얼거려 본다.
"당신이 어떤 모습이든 나는 언제나 당신 편이야!"

나이 먹을수록
말에 '온기'를 담아야 한다.

먹은 나이만큼 할 말도 쌓인 걸까. 나이 들수록 말이 많아진다. 그래서일까. 나이 좀 들었다는 아줌마들이 삼삼오오 모여 수다를 떨다 보면 어느샌가 할 말 못 할 말 구별 못 하고, 막말 행진이 펼쳐진다. 그 자리에 나오지 않은 사람의 뒷말을 하기도 하고, 상처가 되는 말도 아무렇지 않게 한다. 아무 말이나 나오는 대로 내뱉다 보면 좋은 관계도 한순간에 나빠질 수 있다. 어디 아줌마뿐이랴. 남편도 마찬가지다.

마흔 중반 즈음, 눈이 침침하다고 남편에게 말했더니 다짜고짜 "노안이네." 했다. 참 무심하기도 하지, 같은 말이라도 꼭 그렇게 콕 찍어서 말할 건 뭐람. 남편은 말의 효용가치를 잘 모르는 사람이었다.

다음 날, 안경원에 가서 눈 검사를 받았다. 안경사가 말했다.

"이제부터 독서용 안경을 쓰셔야겠는데요."

분명 돋보기를 써야 한다는 말인데도 낙담이 되지 않았다. 돋보기를 쓰기에는 아직 젊어 보이는 나를 배려한 말이어서였다. 같은 말인데도 이렇게 다르게 느껴지다니, 이게 바로 말의 힘이구나 싶었다.

배려가 담긴 말은 가슴속에 깊이 스며들어 식지 않고 오래오래 간다. 오늘도 나는 온기를 지닌 말들을 가슴에 품고 뜨겁게 살아간다.

말이 아무렇게나 튀어나오려고 할 때, 중국의 풍도라는 재상이 쓴 '설시'를 떠올려보면 어떨까.

'입은 재앙을 불러들이는 문이요, 혀는 몸을 자르는 칼이다. 입을 닫고 혀를 깊이 감추면, 가는 곳마다 몸이 편안하리라.'

**어이없는 건망증에
처음엔 웃어넘겼다.**
그렇지만 굳게 닫힌 현관문 앞에서는
도저히 웃어지지 않았다.

현관 비밀번호가 생각나지 않았다. 집 앞 슈퍼에 잠깐 나왔던 참이라 휴대전화도 없었고, 더구나 집에는 아무도 없었다. 가스레인지에 찌개를 올려놓고 나왔던지라 마음은 타들어 갔다. 차 번호, 내 생일, 휴대전화 번호…. 닥치는 대로 눌러봤지만 허사였다. 어쩌다 우리 집 비밀번호도 잊어버렸을까? 점점 다리에 힘이 풀리고 머릿속이 하얘졌다.

크게 숨을 내쉬었다. 마음을 비우고 오른손 집게손가락의 '습관적인 기억'을 믿어보기로 했다. 제발 열려라! 집게손가락이 가는 대로 하나, 둘, 셋, 넷.

'띠리릭.'

현관문은 열렸지만 놀란 가슴은 오래도록 진정되지 않았다. 내가 혹시 치매에 걸린 건 아닐까? 다음 날 신경과를 찾았다. 내 얘기를 신중하게 듣던 의사가 말했다.

"많이 놀라셨군요!"

아, 이 말이 뭐라고 그리 위안이 되었을까! 가슴을 짓누르던 그 무언가가 떨어져 나가는 듯했고, 마음이 이내 가벼워졌다. 의사는 아주 따뜻한 표정으로 계속 위로의 말을 건넸다.

"가스 불을 끄지 않거나, 집 현관문 비밀번호가 순간 기억나지 않는다고 질환은 아니에요. 일종의 주부 건망증인데 주부 중에서 80% 가까이는 이 건망증으로 고민해요. 나이 들면서 두뇌 기능은 자연스레 떨어지는 데다가 주로 빨래, 청소, 설거지 같은 단순한 가사노동만 무한 반복하다 보면 그만큼 뇌에 자극도 덜 가게 될 테고요. 출산과 폐경기의 호르몬 변화도 영향을 미쳐요. 이래저래 건망증이 안 생기는 게 이상하다니까요. 걱정하지 마세요."

건망증이 질환은 아니라는 그 말이 축복의 말처럼 들렸다. 휴, 그나저나 치매가 아니라니 얼마나 다행이야!

012

엄마도 직업이다.
다시 아이를 키운다면
난 이렇게 키우고 싶다.

지금까지 살아오면서 가장 후회되는 일이 있다면 육아 집중기에 최선을 다하지 못했다는 점이다. 햇살 같은 아이로 키우고 싶었다. 다 커버린 뒤에 보니 햇살은커녕 해를 가리는 구름 같은 아이로 키운 것 같다. 다 내가 잘못 키운 탓인 것 같아 안타까울 때가 있다.

그때는 왜 그렇게 아이 키우고 살림하는 일이 억울하고 힘들기만 했을까. 나는 직장을 다닌 것도 아닌데 육아에 집중하지 못하고 마음만 붕 떠서 살았다. 무엇보다 내 존재감이, 사는 재미가 밖에만 있다고 생각해서였다. 엄마도 직업이라고 생각했더라면 일을 가져야 한다고 시선을 밖에 두지 않았을 테고, 아이들 뒤치다꺼리하는 일을 하찮게 생각하지도 않았을 텐데. 다시 아이를 키운다면 이렇게 키우고 싶다.

하나, 육아는 다시는 오지 않을 소중한 시간이라는 걸 매 순간 깨닫겠다. 아이는 눈 깜짝할 사이에 크고, 하나의 생명을 키워내는 일은 세상 그 무엇보다 숭고한 일이라는 것을. 연년생 두 아이를 매일 씻기고, 먹이고, 재우는 일을 무한 반복할 때는 아이들이 내 발목을 잡고 있다고만 생각했다. 어서 빨리 벗어나고 싶었다. 그때 어머님이 하셨던 말씀이 생각난다.

"애는 금방 큰다. 지금이 제일 예쁠 때야. 지나고 나면 지금이 제일 좋았다는 걸 알게 돼."

어른들의 말은 왜 한마디도 틀린 데가 없는지.

둘, 더 많이 안아주고, 사랑한다고 하루에 천 번쯤 말해주겠다. 아이와 함께하는 시간만이라도 눈을 맞추고 온전히 집중했어야 했는데 자기계발한다고 앞모습보다 뒷모습을 더 많이 보여준 것 같다. 우리 아이들과의 스킨십이 부족한 건 아마도 어릴 때부터 사랑 표현에 인색했기 때문이 아닐까. 사랑도 표현하지 않으면 사랑이 아니라는 말이 가끔 아프게 다가온다.

셋, 이유식을 사서 먹이지 않고 직접 해서 먹이겠다. 직접 해 먹이는 게 귀찮다고 '거버' 이유식을 사 먹였던 게 늘 마음에 걸린다. 어릴 때 먹었던 음식이 식성을 결정하고, 평생의 건강을 좌우한다는 걸 알았더라면 영양가 높은 이유식을 직접 만들어 먹였을 텐데. 몸이 허약한 딸도, 입맛

까다로운 아들도 다 이유식을 잘못한 결과인 것만 같다. 대충 먹인 이유식이 편식을 조장했던 건 아닐까.

넷, 집에서 일어나는 모든 일을 아이들에게 얘기해주고 의견을 묻겠다. 아이라 잘 모를 거라고 집안일에 대해 말하지 않고 키웠더니 집안일이나 어른들의 일에 별로 관심이 없는 것 같다. 아무리 인공지능이 지배하는 세상이라고 해도 사람끼리 공감하고 소통하는 능력만 한 게 있을까? 지식이 많은 사람보다 공감과 소통 능력이 뛰어난 사람으로 키웠어야 했다. 그것은 행복한 어른으로 성장하는 데 꼭 필요한 조건이니까.

다섯, 엄마도 휴식시간이 필요하다고 말해주고 단 30분만이라도 커피 타임을 즐기겠다. 조금이라도 내게 휴식시간을 주었더라면 내 마음대로 안 움직여준다고 해도 화나 짜증을 덜 냈을 것이다. 뭐든지 아이가 스스로 할 수 있도록 기다려주었을 것이고, 아이에게 끌려다니다 지치는 대신 '부드러운 단호함'도 보였을 것이다.

이제야 엄마라는 직업만큼 좋은 직업도 없다는 걸 깨닫는다. 금쪽같은 내 새끼들에게 엄마의 사랑과 정성이 꼬박꼬박 들어가니 월급 통장에 비할까. 돈은 나중에 벌어도 되지만 아이는 기다려주지 않고 큰다. 그때는 왜 아이들에게 집중하지 못했을까. 뭣이 중한 줄도 모르고!

013

다른 사람 눈치 보느라
할 말도 제대로 못 한다?
그저 착하기만 하면
삶이 더 힘들어진다.

그녀는 상대방을 배려할 줄 모르는 사람이었다. 용건이 있다며 불러내놓고도 밥값은 늘 내가 내게 했고, 툭하면 서너 시간을 붙잡아놓고 일방적인 넋두리를 늘어놨다. 그녀의 넋두리를 들어주다 지하철이 끊겨 택시를 타고 집으로 오는 길, 혼잣말이 툭, 가슴을 메어쳤다.
'아이고, 병신아!'
만나기 싫고, 만나서도 괴로운 사람을 왜 억지로 만나서 좋은 사람 코스프레를 하는 건지 내 자신이 싫었다.
그녀의 부탁이라면 늘 거절하지 못하던 나는 또다시 손을 내미는 그녀의 청을 단호하게 거절했다. 마침《미움받을 용기》라는 책을 읽고 난 뒤여서 더 용기가 났는지도 모른다.
"이번에는 안 되겠는데요."
거절하면 마음이 불편할 줄 알았는데 오히려 홀가분했다. 우리는 거절하지 못해서 삶이 더 힘들어지는 건지도 모르겠다. 그러고 보니 거절하는 게 꼭 나쁜 것 같지 않다.
거절 못 하는 것도 습관이다. 누구보다 존중받아야 하는 건 상대방이 아니라 나 자신이다. 누군가가 부탁을 해 올 때 자신에게 물어보면 어떨까?

'YES야, NO야? 싫어? 좋아?'

나는 이제 거절하면 상대가 어떤 생각을 할까 따위는 무시하기로 했다. 그건 그 사람의 몫이니까. 아무리 꺼내기 힘든 얘기여도 할 말은 해야 하는 법이다. 그렇다면 나도 누군가에게 거절당해도 상처받지 않을 준비를 해야 하겠지?

/

014

헌신했으면 행복해져야 하는데
헌신짝이 되어 버린다.
나 자신도 보살피며 살아야 한다.

가깝게 지내는 동생을 오랜만에 만났다. 그녀는 살도 많이 빠진 듯했고 어딘지 우울해 보였다. 무슨 일이라도 있는 걸까? 만나자마자 그녀는 스마트폰을 꺼내 내게 노래를 들려주었다. 최백호의 '길 위에서'라는 노래였다. 느리고 허스키한 목소리가 구절양장으로 흘러 내 마음을 적셨다.

거친 바람 속을 참 오래도 걸었네
긴 꿈이었다면 덧없게도 잊힐까
대답 없는 길을 나 외롭게 걸어 왔네
푸른 잎들 돋고 새들 노래를 하던
뜰에 오색 향기 어여쁜 시간은 지나고
고마웠어요 스쳐간 그 인연들
아름다웠던 추억에 웃으며 인사를 해야지
아직 나에게 시간이 남았다면
이 밤 외로운 술잔을 가득히 채우리

초점 없는 눈으로 창밖을 바라보던 그녀의 눈에서 눈물이 어룽어룽 차올랐다. 세상의 모든 것으로부터 이별 통보를 받은 사람의 표정이 저럴까. 내가 할 수 있는 일이라곤

그저 묵묵히 그녀의 얘기를 들어주는 것뿐이었다.

  그녀는 행복한 결혼 생활이란 오로지 남편과 아이들을 위해 사는 것으로 생각했다. 친정엄마가 시할머니까지 모시고 살면서도 숙명인 듯 살아가는 걸 보고 자라서인지 여자의 인생이란 게 다 그런 건 줄 알았다. 쉰이 다 되어 가도록 남편의 아침밥 한 번 거른 적 없었고, 남편이 퇴근하기 전에 집을 비우는 일도 없었다. 딸을 품에서 떼어놓기가 싫어서 고등학생이 될 때까지 엉덩이 두드려주며 데리고 잤다. 그런데 남편은 누가 그렇게 희생적으로 살아달라고 요구한 적 있느냐며 비난하고, 금지옥엽 키운 딸은 사사건건 반발했다. 자신이 옳다고 생각해온 것들이 별안간 돌팔매가 되어 날아든 현실에 그녀는 망연자실했다. 그러다 우연히 들린 노랫말이 그녀에게 깨달음을 주었다고 했다. 이제는 자신을 위해 살아야 할 때라는 것을!

  애잔한 마음으로 그녀를 바라보고 있자니 어릴 때 보았던 드라마가 생각났다. 고시 준비하는 남자를 만난 여자는 온갖 정성을 다해 남자를 뒷바라지한다. 드디어 남자는 고시에 합격하지만 여자를 헌신짝처럼 버린다. 헌신했으므로 행복해져야 하는데 헌신짝이 되어 버린 것이다. 비록 옛날

드라마 속 이야기지만 현실과 별로 다르지 않다. 착한 여자는 상처를 많이 받게 마련이다. 착한 여자가 되려고 노력하기보다 나 자신도 보살피며 자존감을 키워야 나도 가족도 모두 행복할 수 있다. 내가 행복해야 가족들에게 행복을 나눠줄 수 있고, 주변 사람들에게 따뜻한 손길을 보낼 수 있는 여유로운 마음이 생기는 거다. 나를 잃고 살면 그 누구도 행복하지 않다. 그녀의 차가운 손을 가만히 잡으며 말해줬다. 이제 더는 착하지 않아도 된다고, 자신을 위해 살아보라고. 창밖으로 향해 있던 눈을 거둔 그녀가 가만히 혼잣말했다.

"나는 어디 갔다 이제 온 걸까?"

/
015

시간이 지나면
알게 되는 것들…
세월이 나를 아프게 가르친다.

나는 곧 며느리를 볼 나이다. 이 나이가 되고 보니, 나는 정말 속없는 며느리였던 것 같다. 둘째 며느리인데 어머님 모시고 산다는 걸 알게 모르게 유세를 떨며 살았다. '나 시집살이하는 여자예요. 누가 이 마음 좀 알아주세요.' 하는 얄팍한 심정으로. 그러다 누군가가 "어머나, 참 착하네. 요즘 그렇게 시집살이하는 사람이 어디 있다고." 하면 무슨 자원봉사라도 하는 듯 뿌듯했다. 참, 한심하기도 하지.

이제 생각해보니 내가 시집살이를 한 게 아니라 어머님이 내 시집살이를 하신 거였다. 어머님은 둘째 며느리와 사는 게 눈치 보여 하고 싶은 말도 밥처럼 꿀꺽 삼키셨을 테고, 손주들 봐주시느라 가고 싶은 데도 못 가셨을 것이다. 나는 아들이 결혼도 하기 전에 벌써 애는 못 봐준다고 선언해놓았는데. 이런 이기적인 나와 살면서 어머님은 얼마나 힘이 드셨을까.

그뿐 아니다. 어머님이 마음에 안 들 때면 나는 '절대로' 저렇게 나이 들지 않겠다고 다짐했다. 하지만 나도 어쩔 수 없이 어머님과 똑같은 행동을 하고 있을 때가 많다. '절대로'라는 말이 얼마나 위험한 말인지…. 어머님과 비슷한 나이가 되어서야 어머님의 행동 하나하나가 비로소 이해된다.

설거지하실 때 그릇에 고춧가루가 묻어 있던 건 깔끔하지 않아서가 아니라 눈이 잘 안 보여서였고, 뭔가를 자꾸 귀찮을 정도로 물었던 건 나와 얘기하고 싶어서였으며, 멀쩡하게 잘 계시다가도 다른 자식이 전화하면 아픈 목소리를 냈던 건 관심이 필요해서였다. 목소리가 커서 듣기 싫었는데 그건 청력이 약해져서였고, 이불이나 옷이 무거워 싫다고 하신 건 그만큼 체력이 약해져서였다.

나이 든다는 건 어쩌면 어른들의 행동을 이해하고 공감하기 시작했다는 건지도 모른다. 이 세상은 그 나이가 아니면, 그 상황이 아니면 이해할 수 없는 것들이 너무나 많다. 그걸 모르고 뭘 그리 강퍅하게 잘난 체하며 살았는지…. 시간이 지나고 보니 참 부끄럽다. 세월이 나를 아프게 가르친다. 세월이 약이 되는 건 사랑의 상처뿐 아니라 삶도 마찬가지다.

016

결핍은 때로 힘이 된다.
결핍이 없으면 절실함도 없다.

내 생일은 설 다음 날이다. 남존여비가 창궐하던 시절, 할머니는 정초에 재수 없게 계집애가 태어났다고 탯줄을 끊자마자 나를 윗목으로 밀쳐놨다. 세상에 나오자마자 외면당한 탓인지 나는 밤낮으로 울어댔고, 아버지는 그런 나를 두엄에 내던지기도 했다. 막 태어난 아기는 엄마가 꼭 안아주느냐 아니냐에 따라 성격이 달라진다는데 그래서였을까? 나는 세 살 아래인 여동생에게도 맞고 우는, 주눅이 잔뜩 든 아이였다. 위로는 언니 오빠들에게 눌리고, 아래로는 동생에게 치받치다 보니 어느 날부터인가 세상에 나 혼자뿐이란 생각이 들었다. 아무도 나를 돌봐주지 않을 거란 생각이 들자 나 스스로 방법을 찾아 나섰다.

중학교 2학년 때였던가. 수업료를 제때 못 내 교감실에 불려갔다. 친구들 보기도 창피하고 자존심이 상했다. 장학금을 타서 내는 수밖에 없다고 생각하고 이를 악물고 공부했지만 너무 긴장한 탓이었을까. 수학 시험지를 받아든 순간 첫 문제부터 막혔고 당황한 나머지 주관식은 한 문제도 풀지 못했는데 그만 종이 울렸다. 아뿔싸! 수학 점수는 50점, 장학금을 타기에는 30점이 모자랐다. 며칠간의 고민 끝에 수학 선생님께 장문의 편지를 썼다. 30점만 꿔 달라고. 그러면 다음번 시험에 갚겠다고. 며칠 뒤, 선생님은 곤란한 표정을 애써 감추시며 내 등을 두드려주셨고, 나는 다시 교감실에 불려가지 않아도 되었다. 그때, 뭔가 절실하면 방법이 생긴다는 걸 깨달았다.

    누구에게나 결핍이라고 생각하는 부분이 있다. 부모님의 존재에 대한 결핍, 형제애에 대한 결핍, 공부에 대한 결핍, 사랑에 대한 결핍…. 심리학자 아들러는 '중요한 것은 무엇이 주어졌느냐가 아니라 주어진 것을 어떻게 활용하느냐.'라고 했다. 나는 행동을 결정짓는 건 환경이 아니라 내 의지에 달려 있다는 아들러의 심리학을 믿는다. 결핍이 있다는 것은 긍정적으로 채워나갈 힘도 함께 있다는 말이다. 척박한 땅에서 자란 포도가 좋은 와인 재료가 되고, 비바람 부는 날을 골라 지은 둥지가 악천후에도 견딜 수 있다. 결핍은 긍정적으로 받아들이고 채워 가야 할 빈 공간이다. 결핍이 없으면 절실함도 없다. 내게 결핍이 없었다면 나는 아마 별 노력 없이 그럭저럭 살았을지도 모르겠다.

017

남편은 철없는 어린아이다.
감탄사를 연발하면 달라진다.

"달그락달그락."

빠끔히 열린 안방 문 사이로 아침밥을 챙기는 남편의 소리가 들린다. 나는 침대에 공작부인처럼 누워서 회심의 미소를 짓는다. 내가 참 남편 하나는 제대로 만들었지. 요즘 나는 두 번째 남편과 사는 것 같다. 돈 잘 벌어다 주는데 집안일까지 해야 하느냐며 큰소리치던 남편의 변화가 눈부시다. 내가 청소기를 집어 들라치면 슈퍼맨처럼 나타나 얼른 청소기를 받아 윙윙 돌려주고, 음식을 하다가 "어? 파가 없네!", "간장이 떨어졌네!" 하면 득달같이 나가 사온다. 현관문 밖에 내놓은 음식물 쓰레기도 내놓기가 무섭게 내다 버린다. 아이처럼 어르고, 달래고, 칭찬해주면서 하나씩 부드럽게 가르치며 살아온 덕분이다.

젊은 주부들이 남편에게 갖는 불만은 대체로 비슷하다. 철없는 남편 때문에 환장하겠다고. 나의 조언은 한결같다. 남편은 영원히 철들지 않는 아이니 철들기를 바라지 말라고. 그 대신 남편보다 한 끗 아래라고 생각하고 너그러운 마음으로 남편의 엉덩이를 토닥여주라고. 그러면 다들 머리를 흔들고, 손사래를 친다. 하지만 남자는 아이 야단치듯 소리 지르고 이래라저래라 가르치려 들수록 삐뚤어진다.

남편들은 말한다. 마누라가 목소리를 높이는 순간 딱 말 듣기 싫어진다고.

그렇다면 답은 나왔다. 답답하고 화가 날수록 목소리는 나긋나긋 부드럽게 해야 한다는 것. 화가 머리끝까지 치밀어도 칭찬할 거리가 별로 없어도 어떻게든 칭찬할 거리를 찾아 칭찬하면 달라지는 게 남편이다.

하느님이 아담과 이브를 만들었을 때 이브에게 주어진 사명은 열심히 일하는 아담 곁에서 호들갑을 떨며 감탄사를 연발하라는 것이었다고 한다. 그러면 아담은 힘을 내서 자기가 가지고 있는 모든 능력을 발휘해 이브를 위해 일한다는 것이다.

우리 남편도 어느 날 갑자기 짠, 하고 달라진 건 아니어도 지금은 그 누구보다 내 편에 서준다. 오십 넘어 글을 쓰고, 책을 낸다고 했을 때도 남편은 집안일이며 바깥일을 물심양면 도왔다. 조급해하지 않고 '서서히', '조금씩' 남편의 기를 살려주며 살아온 덕분일 것이다. 비록 남편의 외조가 서툴지라도 그의 진심이 돋보인다.

모범적인 남편을 원한다면 마음에 안 들어도 열심히 손뼉 쳐주고 감탄사를 날려보자. 남편들이란 다 칭찬과 인정에 목말라하는 철부지니까. 누굴 위해서? 행복해지고 싶은 나를 위해서다.

늙으면 부부밖에 남지 않는다는 건
이제 옛말이다.
나는 가끔 해혼을 꿈꾼다.

"쨍그랑!"

접시가 강한 파열음을 내며 박살이 났다.

큰소리를 내며 부부싸움을 하다 남편이 등을 보이며 현관문을 향해 가는 순간, 고무장갑 낀 손에 들려 있던 접시를 바닥으로 내던졌다. 그것도 팔에 온 힘을 실어서. 측은지심도 이해라는 감정도 임계점이 지나면 다 소용없는 일이었다. 내가 참으면 되지, 하며 억눌러왔던 마음이 더는 못 참겠다며 온몸으로 항거하고 있었다. 세상에 남자의 아집만큼 단단한 벽이 또 있을까. 자기 생각이 절대적으로 옳다고 믿는 남편 앞에서 난 그만 폭발하고 말았다.

접시의 파열음과 함께 거품처럼 끓어오르던 분노가 가라앉는 느낌이었다. 아무 일 없었다는 듯 접시 파편을 쓸어 담으며 생각했다. 우리네 결혼 생활이란 게 얼마나 위태로운 것인지. 오랜 세월 쌓아온 결혼 생활도 접시처럼 내던질 수 있고, 접시처럼 쉽게 깨질 수도 있다는 걸 처음 알았다. 지금껏 어느 부부보다 잘살아왔다고 되지도 않는 위로를 했던 게 얼마나 큰 자만이었던가. 삶은 왜 이토록 위태로운 것인가.

그날 이후 나는 가끔 해혼解婚을 꿈꾼다. 글자 그대로 맺어졌으니 결혼結婚, 그러니 푸는解 게 당연하지 않나. 해혼은 이혼과는 다르다. 결혼 형태는 유지하되 각자에게 맞는 라이프스타일로 '따로 또 같이' 사는 것이다. 사랑할 만큼 했고, 같이 살 만큼 살았고, 자식을 키워야 하는 공동의 목표도 달성했으니 이제 좀 각자의 취향대로 살았으면 좋겠다.

나는 시골에서 살고 싶은데 서울 토박이인 남편은 심심할 것 같아 싫다고 한다. 가자, 싫다 서로 싸울 게 아니라 각자 원하는 곳에 살면서 가끔 만난다면 어떨까. 부부는 너무 같이 있어서 서로를 힘들게 하는 건지도 모른다. 해혼이 가능하다면 나는 시골에 가서 자유롭게 글이나 마음껏 쓰면서 살고 싶다.

019

오랜 친구가
어느새 낯설어졌다.

'우리 사무실 앞 목련이 정말 예뻐. 지기 전에 만나자.'

나의 베스트 프렌드 연수의 메시지가 왔던 게 벌써 몇 년 전이었던가? 그 친구를 아직도 못 만나고 있다. 내가 시간이 있을 때는 그녀가 시간이 없었고, 그녀가 시간이 있을 때는 내가 없었다. 시간이 뭐라고. 우리가 서로 만나지 못하는 사이, 우리의 관계는 조금씩 얼어붙는 것 같더니 급기야 건너뛸 수 없을 만큼의 크레바스가 생긴 것 같다. 전화하고 싶어도 새삼 무슨 말을 하지 싶고, 지금 바쁠지도 모른다는 생각에 다음으로 미루게 된다. 우리가 정말 둘도 없이 친한 친구이긴 했던 걸까.

흘러가는 건 강물만이 아니다. 세월이라는 강을 따라가다 보면 친구 관계도 라이프스타일에 따라 흘러간다. 결혼하기 전에는 결혼한 친구가 흘러가고, 결혼하고 나서는 아이가 없을 때 아이 낳아 키우는 친구가 흘러간다. 이렇게 되면 내가 뭘 잘못한 걸까, 친구 마음이 변한 걸까 하며 관계에 대해 깊이 고민하게 된다. 하지만 고민할 필요 없다. 뭘 잘못했거나 마음이 변한 게 아니라, 서로 처한 상황과 관심사에 따라 공유하는 게 달라진 것뿐이다. 육아와 살림을 하다 보면 우정이고 뭐고 생각해볼 겨를이 없어서

일 수도 있다. 그렇다고 낙심할 필요 없다. 세월이 지나 어느 정도 나이를 먹고 안정기에 접어들면 흘러간 줄 알았던 친구와 다시 만나 아무렇지도 않게 우정을 나눌 수 있으니까. 같은 시간을 함께 살아온 추억과 우정은 절대 사라지지 않는다.

요즘에는 SNS를 통해 친구 사이가 예전보다 더 가까워진 것 같지만, 마음의 거리는 더 멀어진 세상에 살고 있다. 이럴 때일수록 자꾸 얼굴을 보면서 감정을 공유해야 절친 사이가 된다.

인생의 성적표라고 할 만한 이십 년 지기, 삼십 년 지기 친구가 있는 사람은 나이 들어서도 외롭지 않다. 어느 날 문득 섬처럼 외로워졌을 때 속말을 털어놓으면 "맞아, 맞아, 나도 그럴 때 있어." 하며 맞장구 쳐주는 것만으로도 가시처럼 뾰족했던 마음이 금세 둥글어진다. "나, 너무 나이 들어 보이지?" 하면 "얘, 옛날이나 지금이나 똑같은데 뭘!" 하고 말해주고 "나, 살쪘지?" 하고 물으면 "네가 무슨 살이 쪄? 너 정도면 정말 준수하다, 준수해!" 해주면 그 어떤 말보다 위로가 된다. "나 요즘 살쪘지?" 하면 "그러니까, 그만 먹어!" 하는 남편에 비할까. 함께하는 시간이 지층처럼 쌓여야 비로소 표정 하나로도 무슨 일이 있는지 금방 감지해 내는 친구 사이가 된다. 생일날, 같이 촛불 켤 친구가 없다면 친구 관계에 빨간 불이 켜졌다는 신호다.

    파리의 정신과 의사 꾸뻬 씨는 우정을 '건강'이라고 정의했다. 친구와 어울릴 수 있다는 건 자신이 건강하다는 의미고, 친구와 어울리면 건강해진다는 의미다. 누군가가 "건강해!"라고 하면 그 말을 "우정을 생각해!"라는 말로 들었으면 좋겠다. 좋은 친구를 바란다면 좋은 친구가 되어주는 것. 올해는 목련이 피기 전에 연수를 만나러 가야겠다. 그동안 못 만나서 얼어붙었던 마음이 봄날 눈 녹듯이 사르르 풀릴 거라 믿는다.

/

020

손을 움직이면 잡념이 사라진다.
마음은 가슴에만 있는 게 아니라
손에도 있는가 보다.

연필을 깎아 쓰던 때가 있었다. 왼손에 연필, 오른손에 작은 칼을 들고 엄지손가락으로 눌러 가며 깎던 그때. 어떤 연필의 나뭇결은 고르지 못해 푹 잘려나가기도 하고, 어떤 연필은 힘 조절에 실패해 푹 파이기도 했다. 어쩌다가 나뭇결이 좋은 연필을 만나 나무가 동글동글 말리며 깎여 나갈 때의 쾌감은 얼마나 좋던지. 손끝에 온 신경을 집중해 울퉁불퉁한 연필심을 다듬다 보면 잡념이 사라지곤 했다.

또 크리스마스가 다가오면 성탄 카드도 직접 만들었다. 스케치북을 부욱 찢어 스프링 부분을 잘라낸 다음 가로세로 한 번씩 잘라 접었다. 접은 종이 한 면에 색연필로 전나무나 초가지붕을 그리고 색을 칠했다. 주로 초록과 빨강이었고 반짝이 펜은 아껴가며 덧칠했다. 그림이 조금 심심하다 싶으면 전나무 아래에서 노니는 사슴과 초가지붕으로 날아가는 루돌프 썰매를 그려 넣었다. 손을 자주 움직이던 그때만 해도 속이 번잡할 틈이 없었던 것 같다.

재봉틀도 마찬가지였다. 드르륵드르륵 소리와 함께 몰입하다 보면 솔기처럼 터져 있던 마음들이 꿰매어지는 것 같았다. 아마도 사람의 손이란 움직일수록 잡념이 사라지고, 가슴속에 설렘이 자리 잡는 건지도 모르겠다.

마음이 어수선했던 어느 날 밤, 잠이 오지 않아 뒤척이다 벌떡 일어나 연필을 깎았다. 사각사각. 나뭇결이 좋은 연필과 잘 드는 칼이 만나니 기분 좋은 소리를 내며 깎였다. 향긋한 나무 향기가 코끝에 와 닿고, 연필심을 정신 집중해 다듬다 보니 금세 마음이 편안해지면서 자꾸 웃음이 나왔다. 어스름한 새벽에 연필을 깎는 내 모습이 우스워서이기도 했지만, 그보다 말끔해진 내 마음이 기특해서이기도 했다. 마음은 가슴에만 있는 게 아니라 손에도 있는 거였다.

021

아프고 나서야 '아프지 않고'
먹고, 자고, 일하는 삶을 원했다.
지극히 당연해 보였던 그 삶이
그때는 간절한 바람이었다.

나이 먹을수록 느는 건 약의 개수다. 나는 마흔 중반 이후부터 고혈압약을 먹기 시작해서 고지혈증 치료제, 호르몬제, 골다공증 예방약, 칼슘제 등을 먹고 있다. 색깔이 예쁜 약들을 삼킬 때마다 생각한다. 젊어서부터 대충 먹고 운동하지 않은 대가를 지금 치르는 중이라고.

젊었을 때는 뭐가 그리 바빴는지 밥 먹을 시간도 잊고 있다가 아무거나 먹곤 했다. 먹는 게 얼마나 중요한데 밥을 대충 때우느냐고 어머님이 성화를 하실 때마다 짜증이 났다. 밥 먹는 것보다 중요한 일이 얼마나 많은데 매일 밥 타령만 하시나 싶어서. 이제는 어머니가 했던 말을 똑같이 내 아이들에게 한다. 엄마들의 밥 타령은 대대손손 이어지고, 듣는 둥 마는 둥 하는 자식들의 태도도 대대손손 이어지는 것일까.

'건강은 건강할 때 지켜야 한다.'는 말은 '건강은 젊었을 때부터 지켜야 한다.'는 말과 같다. 젊었을 때 나는 운동할 시간 있으면 잠이나 자겠다. 잠자는 시간도 모자라는데 무슨 운동? 하면서 외면했다. 어른들이 건강한 몸이 재산이라고 몸만 건강하면 어떻게 해서든 먹고산다고 아무리 말해도 코웃음을 쳤다. 흥! 몸만 건강하면 뭘해 실력도 있고,

돈도 좀 있어야지 하면서. 나이 들어보니 몸이 건강하면 병원비나 약값이 안 들어 재산이 되는 게 맞았다. 아이고, 내가 병원에 갖다 바친 돈이 얼마인데….

젊었을 때는 젊으니까 건강의 귀중함을 알기 어렵지만, 나이 들면 바로 나타난다. 건강을 위해서는 먹는 것과 운동하는 것이 제일 중요하다. 몸에 탈이 나서 병원을 가면 의사가 제일 먼저 뭐 먹었냐고, 그다음은 운동하냐고 묻는 건 다 이유가 있어서다. 무엇을 먹고 얼마나 운동하는지가 고스란히 몸에 나타나기 때문이다. 특히 여성의 몸은 임신과 출산을 위한 균형이 깨지면 젊은 나이에도 골다공증이나 갱년기 장애와 비슷한 증상이 나타날 수 있다. 자신의 몸과 마음을 지키는 것이 지금부터 해야 할 가장 중요한 과제다. 지금 먹는 음식이 내 몸을 만들고, 지금 하는 운동이 미래의 내 건강을 좌우한다. 이제는 오래 사는 것보다 건강하게 사는 게 더 중요해졌다. 지금부터 관리하지 않으면 남은 몇십 년을 고통 속에서 보내야 한다. 얼마나 끔찍한가.

불교에는 공양할 때 외우는 오관게五觀偈라는 게 있다. 나는 더는 약의 개수를 늘리지 않기 위해 음식을 먹을 때마다 오관게를 떠올린다.

이 음식이 어디서 왔는가
내 덕행으로는 받기가 부끄럽네
마음의 온갖 욕심 버리고
육신을 지탱하는 약으로 알아
도업을 이루고자 이 공양을 받습니다.

그러다가 나만의 오관게를 만들어 매일 밥 먹을 때마다 주문처럼 외운다.

나는 무엇을 먹을 것인가
내 몸 안 챙기고 살았더니 후회막심이네
마음은 좀 더 밝고 너그럽게 먹고
야채와 과일이 내 몸에 좋다는 걸 알아
더 건강해지고자 이것을 먹습니다.

/

미리 걱정하고 염려하는 시간이
많아진다.
걱정해서 걱정이 없어지면
걱정이 없겠다.

좋아하는 동시가 하나 있다. 문상석의 '기린과 하마'.
하마가 기린을 보고 걱정한다.
"저렇게 키만 크다가 하늘이 뚫리면 어떻게 하지?"
기린도 하마를 보고 걱정을 한다.
"저렇게 살만 찌다가 땅이 꺼지면 어떻게 하지?"
늘 걱정이 많은 나는 때때로 하마가 되기도 하고, 기린이 되기도 한다.

'걱정도 팔자'라는 말은 꼭 나를 두고 하는 말이다. 어렸을 때부터 나는 걱정이 많았다. 초등학교 때던가? 무슨 심리 검사를 하는데 '하늘이 무너질까 봐 걱정이다.'라는 항목에 동그라미를 쳤던 기억이 난다. 그때 나는 가끔 하늘이 무너져서 세상이 멸망하면 어쩌나 걱정하다 꿈까지 꾸곤 했다.

젊은 시절에는 내가 원하는 걸 못하게 될까 봐 걱정했다. 결혼을 못 하면, 남편이 바람을 피우면, 아기를 못 낳으면, 애들을 제대로 키우지 못하면…. 미리 걱정하고 염려하는 그 시간이 나 자신을 옴짝달싹 못 하게 옭아맸던 것 같다.

행복해지려면 내가 할 수 없는 것에 대한 걱정을 그만두는 게 낫다. 몰두하다 보면 늪처럼 더 깊이 빠져드는 게 걱정이라는 말썽꾸러기다. 걱정이 말썽을 부릴 때 티베트 속담을 떠올려보는 것도 좋겠다.

"걱정해서 걱정이 없어지면 걱정이 없겠네."

자식은 엄마의 그림자를 밟고 온다.
그렇다면 행복한 엄마로 살고 싶다.

엄마라는 단어만큼 깊고, 울림이 있는 단어가 또 있을까? 나에게 엄마는 '눈물'이면서 '그리움'의 또 다른 이름이다. 엄마는 내 나이 열아홉, 엄마 나이 예순에 별이 되었다. 왜 그리운 것은 다 별이 되는 걸까. 별이 된 엄마 나이가 되어 가는 요즈음, 난 더 자주 아슴아슴한 밤하늘을 올려다보곤 한다. 까만 밤하늘에 휘영청 떠 있는 달을 보면 달보다 환한 엄마의 얼굴이 떠오른다.

유년 시절, 잠을 한숨 달게 자고 난 뒤 오줌이 마려워서 눈을 뜨면 창호지 문엔 어김없이 그림자가 비쳤다. 그때가 한밤중이었는지 새벽녘이었는지는 모른다. 그림자는 놀이라도 하듯 두 손을 비비기도 하고, 몸이 앞뒤로 흔들거렸다. 첫날에는 귀신인가 싶어 무서웠지만 금방 알아볼 수 있었다. 머리를 가지런히 빗어 쪽을 진 엄마라는 걸! 창호지 문을 벌컥 열고 "엄마!" 하고 불러보고 싶었지만, 왠지 엄마가 닿아 있는 그 신비한 세계의 고요를 깨뜨리면 안 될 것 같았다. 윗목에 있는 요강에 쪼르르 오줌을 누고 나서 내 자리로 돌아와 이불을 이마까지 끌어다 덮고 나면 궁금했다. 엄마는 언제 자고 언제 일어난 걸까? 간밤의 일이 꿈이었나 싶어서 뒤란에 있는 장독대로 가보면 감나무 아래

하얀 정화수 그릇이 놓여 있었다.

엄마의 그림자가 더욱 선명하게 비추던 때는 창호지를 새로 바른 날이었다. 엄마는 가을 햇살이 창창한 날을 잡아 격자무늬 문을 떼 물을 홱 뿌려 불렸다. 여기저기 구멍이 난 묵은 창호지를 뜯어내고 새 창호지를 바른 후 문틀을 바람이 잘 드는 곳에 세워서 말렸다. 다 마른 문은 북처럼 팽팽해져서 손끝으로 튕기면 둥둥 북소리가 났다. 손가락 끝에 침을 발라 구멍을 내보고 싶은 충동을 주먹을 꼭 쥐며 참아야 했다. 문이 마르고 나면 엄마는 작년 가을 책갈피에 끼워두었던 코스모스 꽃잎을 창호지에 올려놓고 작게 자른 창호지를 덧대어 붙였다. 꽃잎이 붙여진 문에 햇살이 비치면 얼마나 은은하고 예뻤던가.

내 마음속의 이 풍경이 사실인지 왜곡된 것인지는 잘 모르겠다. 중요한 건 내 가슴에 암각화처럼 새겨져 늘 나를 이끌고 다녔다는 거다. 엄마의 기도 대상은 세상의 모든 것이었다. 자식 키우는 사람은 좋은 일 하며 살아야 자식이 복을 받는 거라고 배곯는 사람에게는 밥을 주고, 생명 있는 모든 것들은 풀잎 하나도 함부로 대하지 않았다.

스물다섯, 얼떨결에 엄마가 되었던 나도 어느 날부터인

가 엄마가 앉았던 감나무 밑에 앉아서 빌고 있었다. 아이들이 밤새 아플 때, 중1짜리 딸을 캐나다에 유학 보냈을 때, 아들이 네 번의 수능을 칠 때, 딸애가 시집갈 때…. 모성도 유전처럼 대물림되는 것인지도 모르겠다.

   행복한 엄마로 살고 싶다. 그러면 우리 아이들이 내 그림자를 그대로 밟고 와 행복하게 살 테니까. 내 젊음은 어느새 사라지고, 사랑도 담담한 일상으로 바뀌었지만, 엄마의 영상은 늘 똑같은 모습으로 내 마음속에 살고 있다. 오늘 밤에도 내 마음속 영상에는 달빛이 교교히 장독대를 비추고, 대나무 울타리에서는 바람이 쏴쏴 파도 소리를 내며 분다. 엄마는 아직도 기도 중이시다.

큰 목소리, 무례함, 뻔뻔함,
파마머리, 출렁이는 뱃살…
그냥 아줌마가 되기는 싫다.

올해로 아줌마 경력 36년 차. 강산이 세 번 변하고도 반을 더 변했을 만큼 오랜 세월 아줌마로 살았다. 젊은 엄마였을 때는 누군가 "아줌마!" 하고 부르면 못 들은 척했다. 그러다가 다시 부르면 "저요?" 하며 시치미를 뗐다. 아줌마가 무슨 전염병이라도 되는 듯. 아줌마란 단어에 발끈해도, 아무리 아줌마가 아닌 것처럼 굴어도 아줌마는 아줌마다. 누군가의 엄마와 아내, 주부라는 말에는 금방 순응하면서 왜 아줌마라는 호칭은 들을 때마다 불편하고 거부하고 싶은 걸까?

아줌마 하면 긍정적인 이미지보다 부정적 이미지가 먼저 떠오르기 때문일 것이다. 왜 아줌마는 뽀글이 파마에 큰 목소리, 무례함, 억척스러움, 뻔뻔함, 출렁이는 뱃살이라는 고정관념에서 벗어날 수 없는 걸까. 가족을 위한 일이라면 뭐든지 할 수 있는 용감함과 성실함도 있는데. 나는 이런 이미지 때문에 그냥 아줌마는 되기 싫었다. 수시로 나를 돌아보곤 했다. 내 목소리가 커지지는 않았는지, 사람들에게 무례하게 굴지는 않는지, 살이 쪄서 입고 싶은 옷을 못 입는 건 아닌지, 내 자신을 잃고 사는 건 아닌지….

요즘 드라마 '완벽한 아내'에서는 아줌마가 주인공이다.

내조의 여왕이라거나 가부장제도 속의 여성이 아니라 당당하고 소신 있는 아줌마다. 변호사 사무소에서 비정규직으로 일하고 있는 심재복(고소영 분)은 대학 중퇴에 아이가 둘 딸린 아줌마인데 업무 능력은 모두가 인정한다. 그렇지만 정규직 전환 대상에서 탈락한다. "누구보다 열심히 일했고, 아주 잘한 거 아시면 저를 뽑아주셔야 하는 거 아닌가요? 제가 대학도 중퇴했고, 아줌마라서요?"라고 되묻는다.

무례하고, 비이성적이고, 감정적인 아줌마의 이미지와는 다르다. 당당하고 자신 있게, 자신의 이름으로 살아가는 아줌마의 새로운 이미지로 바뀌고 있다는 게 반갑다. 여기에다 이해심과 포용력, 따뜻함까지 있다면 금상첨화겠다.

025

나잇값을 하고 싶다.
이왕이면 아주 비싸게.

나이는 살금살금, 고양이 걸음으로 다가온다. 그래서 가끔은 내 나이가 몇인지 헷갈릴 때가 있다.

'쉰이 넘은 건 알겠는데… 여덟인가? 아홉인가?'

내가 태어난 해를 떠올려보고 나서야 내가 언제 이 나이가 됐지 싶다. 좀 더 나이 들면 나이 헤아리는 것조차 잊어버리려나. 고려 때 시인 임보는 20대는 거북이처럼, 40대는 유수流水처럼, 50대는 화살처럼, 70대는 전광석화처럼, 마침내 죽을 때는 눈 깜짝할 사이에 지나간다고 세월을 비유했다. 요즘 시간 가는 게 화살처럼 느껴지니 난 정말 50대가 맞는 것 같다.

젊었을 때, 내가 쉰 살이 되면 욕심이 없어진 만큼 집착도 없어져서 지혜로운 삶이 시작될 줄 알았다. 웬걸, 뭔가를 더 알아가고 싶은 욕심도 삶에 대한 집착도 새봄의 나무처럼 갈수록 푸르러진다. 더 지혜로워지기는커녕 작은 일에도 괜히 상처받고 꽁해질 때가 많고, 풀어지는 데도 예전보다 시간이 더 많이 걸린다. 그래서 프랑스 작가 앙드레 모루아가 나이 먹는 데도 기술이 필요하다고 했나 보다. 젊은 세대의 눈에 장애가 아니라 도움을 주는 존재로, 경쟁 상대가 아니라 상담 상대라고 생각하게 하는 기술 말이다.

나이 먹는 것에도 기술이 필요하다니, 수시로 그 기술을 터득하고자 나를 돌아보게 된다. 그렇지 않으면 고집불통 할머니로 흉하게 나이 들지도 모르니까 밥을 먹은 양만큼의 무게가 느껴진다.

  나잇값을 해야 하는 게 어디 나이 든 사람뿐일까. 젊은 사람들도 그 나이에 맞는 나잇값이 있다. 20대는 도전과 모험을 즐기고, 30대는 부모에게서 독립해서 나의 세계를 만들어가고, 40대는 진짜 나다운 인생이 뭔지 터닝 포인트를 찾아 떠나보는 거다. 유비무환有備無患이라는 말이 있듯이 내가 어떻게 준비하느냐에 따라 삶의 질이 결정된다. 나는 지금 나보다 더 나이 많은 사람들을 보면서 노년을 어떻게 하면 잘 보낼 수 있을지 배우고 있다. 몸은 비록 조금씩 사그라져 가도 마음 근육은 더 빵빵하게 키우며 나잇값을 하고 싶다. 이왕이면 아주 비싸게. 그렇게 하다 보면 나이가 벼슬이 되기도 하겠지.

어떤 눈물에도 '왜'라는
단서를 달지 않는다.
실컷 소리 지르면서 울고 나면
가슴이 뻥 뚫린다.

'허니버터칩'을 사지 못해 아우성을 치던 때. 딸과 한바탕 싸우고 실컷 운 적이 있다. 아니, 정확하게 말하면 싸운 게 아니라 나의 일방적인 분노 대방출이었다. 청소하려고 딸의 방에 들어갔더니 글쎄, '허니버터칩'이 책상 위에 떡하니 올려져 있지 않은가.

'앗? 웬 허니버터칩! 이게 그 유명하다는 과자구나.'

빵빵한 봉지 위에 적힌 글씨를 읽어보니 국내산 꿀에 프랑스산 버터란다. 뭔가 고급스러운 느낌이 들었다.

'맛이 어떤지 얼른 먹어보자.'

아무 생각 없이 이빨로 툭 뜯어서 두어 개 집어 먹었다. 감자칩에 치즈를 얹어 먹는 맛이랄까. 짜기만 하고 생각보다 맛이 별로였다. 잠시 후, 방으로 들어온 딸이 왜 허락도 안 받고 먹었느냐고 고래고래 소리를 질렀다. 그까짓 과자 한 봉지가 뭐라고. 경품에 당첨돼서 겨우 받은 거라 친구들에게 '서프라이즈!' 하려는 거였다나 뭐라나.

그 순간, 나는 미친 여자처럼 울부짖었다. 그까짓 과자 하나 먹어보는데 허락까지 받아야 하냐, 네 엄마가 과자보다도 못한 거냐, 친구가 엄마보다 더 중요하냐, 네가 엄마한테 이럴 수가 있느냐… 억지스러운 말이라는 걸 알면서도 멈출 수가 없었다. 낙타가 쓰러지는 건 깃털같이 가벼운 마지막 짐 때문이라고 하더니 내게 쌓여 있던 크고 작은 분노와 서러움이 한꺼번에 폭발한 거였다. 세상에서 제일 무서운 여자가 갱년기 여자라는데 건드려도 제대로 잘못 건드린 거였다.

그런데 이상한 일이었다. 실컷 소리 지르면서 울고 났더니 갈증 날 때 맥주 한 모금 마신 것처럼 목젖이 시원하고 가슴이 뻥 뚫리는 것 같았다. 눈물은 눈에서만 흐르는 게 아니라 마음에도 흘러 소독이 되는 모양이었다. 눈물은 '인간의, 인간에 의한 정화수'라고 하더니 내 마음속에 쌓여 있던 불온한 감정들을 눈물이 다 씻어내 준 것인지도 모르겠다.

인간에게는 누구나 감정의 응어리를 풀어낼 눈물이 꼭 필요하다. 다소 억지스럽고 엉뚱한 듯한 분노의 감정이라도 이 감정은 타당하다. 나는 나의 어떤 감정에도 '왜'라는 단서를 달지 않는다. 딸의 과자를 집어 먹었다가 서러운 눈물이 터져버린 이유는 내 삶이 거기에 담겨 있기 때문이다. 내 감정에 의구심을 갖는 대신 가장 순수한 이 눈물을 즐긴다.

누구나 숨 쉴 곳이 필요하다.
그것이 어떤 공간이든,
어떤 일이든 별로 중요하지 않다.
마음 둘 곳이 있으면 외롭지 않다.

일본의 '마사 스튜어트'라 불리는 구리하라 하루미의 방 한쪽에는 녹색 문이 있다. 그 녹색 문을 열면 소중한 것을 넣어두는 그녀만의 공간이 나온다. 그저 바라보기만 해도 흐뭇해진다는 그녀의 공간에는 여행지에서 산 홍차, 향 좋은 비누, 귀여운 나무 숟가락, 일인용 주전자, 마사지 도구, 컵 받침, 책 등이 있다. 이 녹색 문이 보이는 사진을 보고 있자니 어렸을 적 다락방에 숨겨두었던 내 비밀 상자가 떠올라 슬며시 미소가 번졌다. 내 비밀 상자에는 까까머리 남자아이에게서 받았던 카드며 사이먼 앤드 가펑클의 카세트테이프, 우표, 해수욕장에서 주워 온 매끈매끈한 돌과 조개껍데기, 갖가지 꽃잎을 끼워 둔 책, 편지지 등이 들어 있었다. 지금 생각하면 뭐 그리 소중한 거였나 싶지만, 그때는 가끔 열어만 봐도 흐뭇하고, 마음이 환해지는 작은 공간이었다.

그렇다. 누구나 숨 쉴 곳이 필요하다. 그것이 어떤 공간이든 어떤 일이든 별로 중요하지 않다. 중요한 건 마음 둘 곳이 있다면 인생은 절대 외롭지 않다는 거다. 비비안 마이어라는 미국의 사진작가는 40여 년간 수십만 장의 사진을 찍었다. 그렇지만 그녀는 그 누구에게도 사진을 보여주지 않은 채 생을 마감했다. 우연히 그녀의 사진이 발견되어 추적해보았지만, 보모와 간병인을 했다는 것, 목에 늘 카메라를 걸고 다녔다는 것 외에는 밝혀진 게 없다. 나는 그녀의 화려함과 빈곤함이 뒤섞인 사진을 보면서 그녀가 마음 둘 곳은 사진밖에 없었구나, 하는 생각이 들었다. 우리는 보통 행복한 순간을 기억하기 위해 사진을 찍지만, 그녀는 삶을 버텨내기 위해 사진을 찍었던 게 아니었을까?

나 역시 글 쓰는 일로 마음의 평온을 찾는다. 밤이 없었으면 좋겠다 싶을 만큼 글을 쓰고, 글을 쓰기 위해 책을 읽는 시간이 좋다. 머릿속에 떠오르는 생각들을 글로 쓰다 보면 마구 헝클어져 있던 마음속이 방금 청소를 끝낸 거실처럼 정갈해진다. 머릿속에 뭔가가 반짝 불이 켜질 때, 메모지를 찾아 쓸 때의 설렘은 그 어떤 설렘보다 강렬하다. 글쓰기가 없었다면 삶의 신산함을 어떻게 달랬을까. 누구나 마음 둘 곳이 있다면 인생은 살 만하다. 그게 아주 사소한 일이거나, 아주 작은 비밀 상자라 할지라도.

/
028

염도 측정기를 샀다.
남편의 잔소리가 듣기 싫어서.

염도 측정기를 샀다. 내 입에는 싱거운 듯해서 간을 조금 더 하면 영락없이 짜다고 하는 남편의 잔소리가 듣기 싫어서. 온도계처럼 생긴 염도 측정기는 국물이 있는 음식에 넣고 버튼을 누르면 숫자가 나온다. 찌개는 1.6 정도가 적당한 염도라고 표시해준다. 찌개나 국을 끓일 때마다 측정하다 보니 대충 입으로 간을 보던 때와는 다르게 조금씩 음식이 싱거워지는 걸 느꼈다. 염도가 낮아지니 자연스럽게 음식의 담백함도 따라왔다. 음식은 간이 맞아야 제맛이 나는 줄 알았는데 오히려 소금을 덜 치니 재료 본연의 맛이 느껴졌다.

담백해서 좋은 게 어찌 음식뿐일까. 인간관계나 사는 방법도 마찬가지다. 인간관계에서는 서로에 대한 기대치가 높지 않아 편안하고 담백한 관계가 더 오래간다. 너무 가깝지도 너무 멀지도 않은 관계, 허물없이 얽히고설킨 게 아니라 지킬 건 지키는 관계, 언제 만나도 일정한 온도가 유지되는 관계, 깊지는 않지만 그렇다고 얕지도 않은 관계…. 요즘 젊은 사람들 사이에서 뜨고 있는 '미니멀 라이프'라는 것도 최소한의 것만 갖고 살고 싶은 담백함을 추구하는 게 아닌가. 담백함은 마치 자연에서 얻은 소재로 만들어진 옷을 입는 것과 비슷하다. 별로 눈에 안 띄지만 입으면 입을수록 싫증이 안 나고 편안하니까. 결국, 우리가 지향해야 할 가장 기본적인 아름다움은 담백함이 아닐까. 음식이든 사람이든 사는 방법이든 담백함이 곧 특별함이다.

/
029

권태로운 일상,
어디서부터 잘못된 걸까.

어느 날이던가? 남편 출근시키고 아이를 학교에 보내고 난 뒤였다. 여느 때와 다름없이 청소를 시작했다. 먼지가 풀풀 나는 마룻바닥을 무릎까지 꿇고 정성스레 걸레질하다 난 그만 눈물이 핑 돌고 말았다. 해도 해도 끝이 안 나는 이 일을 언제까지 계속해야 하는 건지, 이렇게 시시하게 살다 내 인생이 끝나는 건가 못내 한스러웠다. 매일 똑같이 반복되는 일상에 치여 미칠 것 같은 날이 온 거다. 부족할 것 없는 일상에도 권태가 찾아오는 건 이 똑같음이 주는 불만이다. 살아간다는 것은 대체로 똑같은 것들의 반복 아니던가. 같은 집, 같은 침대, 같은 식탁, 같은 소파, 같은 냉장고, 같은 집안일….

권태가 찾아오는 날이면 나는 익숙한 공간 속에서 낯섦을 찾아 나선다. 잠옷을 일상복으로 갈아입지 않고 세수도 안 한 민낯으로 거실 중앙에 대자로 눕는다거나 천장의 네모난 전등에 새겨져 있는 꽃잎 무늬를 따라가 본다. 떡갈나무 화분에 쏟아지는 햇살을 오랫동안 바라보기도 하고, 베란다로 나가 누워 하늘을 보기도 한다. 이렇게 해보면 단조로운 일상에서 오는 권태와 무료함에 짓눌려 살 때와는 딴 세상이다. 거실에 대자로 누워 천장을 보다 보면 세상 이렇게 마음 편할 수 없고, 전등에 새겨진 꽃무늬는 장인의 손길이 닿은 작품처럼 보인다. 떡갈나무 화분을 오랫동안 바라보면 햇빛 쪽으로 향한 잎새가 더 크고 반짝이는 걸 발견하게 되는데 절실함이 있는 것들은 다 반짝인다는 걸 깨닫게 된다. 베란다에 누워 올려다보는 하늘은 마치 바다 같아서 운 좋게 비행기가 날아간다면 고래가 허연 배를 드러내며 유영하는 것 같은 착각에 빠지기도 한다. 익숙하던 공간이 시선의 각도에 따라 새로운 공간으로 다시 탄생하는 순간이다. 우리가 익숙한 공간을 낯설게 바꿔줘야 하는 이유는 권태로움을 이겨내고 더 행복해지기 위해서다.

/

030

새 옷, 새 신발, 새 휴대전화,
새 인연, 새집…
새것이면 다 좋은 줄 알았다.

담양 두원 마을에 갔다가 아주 오래된 흙벽돌집을 만났다. 사람의 체온이 어리고 시간의 흐름이 그대로 녹아든 집이었다. 양철 지붕은 비록 삭고 녹이 슬었지만 은은한 색감으로 빛나고, 흙바람 벽의 틈 사이에는 이름 모를 풀이 자라고 있었다. 사람의 손길이 오래 머문 것 같은 대청마루에서는 누군가의 말소리가 자근자근 들려오는 듯했다. 흙벽돌집은 마치 온갖 풍상을 겪으면서도 정직하게 낡아 온 노인의 얼굴 같았다. 자연에 순응하며 살아온 얼굴, 흐름에 몸을 맡기고 유유자적 살아온 얼굴, 낡아지면서도 눈빛만은 반짝이는 얼굴. 시련으로 단련된 것의 빛나는 아름다움이 있었다. 그래서 박노해 시인은 그의 시에서 '오래된 것들은 다 아름답다'고 했을 것이다.

시간은 아름다움을 빚어내는 거장의 손길
하늘은 자신이 특별히 사랑하는 자를
시련의 시간을 통해 단련시키듯
시간을 견뎌낸 것들은 빛나는 얼굴이 살아난다

젊은 시절, 새것이면 다 좋은 것으로 생각했다. 결혼하고 바로 시집에 들어와서 살았는데 어머님의 살림들은 다 갖다 버려야 할 퇴물처럼 보였다. 핑크빛 신혼을 꿈꾸던 스물셋의 새댁에게 우중충한 구닥다리 살림들이라니. 평생 이고 지고 살아온 어머님의 살림들은 내 신혼의 단꿈을 퇴색시키는 주범이자 눈엣가시였다. 특히 흉물처럼 주방을 떡하니 차지하고 있는 개다리소반, 채반, 나무 함지박, 들었다 놨다 하기조차 힘겨운 유기그릇, 던져도 깨질 것 같지 않은 도자기 그릇, 돌절구…. 우중충한 게 보기 싫어서 어머님 몰래 버리고, 깨졌다고 버리고, 안 쓸 거라고 하나씩 버리고 났더니 지금 남아 있는 건 돌절구와 대장간에서 만든 식칼뿐이다. 오래됐다고 버렸던 그 물건들이 얼마나 귀한 거였는지 지금 생각하면 두고두고 아깝다.

 오래된 물건에는 시간과 손길과 감정과 기억이 스며들어 아름답게 빛난다. 새로운 물건이 산뜻하고 예쁘기는 하지만 아름답다고 느끼기 어려운 것은 시간과 사람의 감정이 아직 스며들지 않았기 때문이다. 세상의 모든 것은 사람의 감정이라는 게 스며들어야 비로소 '정감'이라는 아름다움으로 태어나는 것 같다. 온갖 풍상을 겪으면서 견뎌낸 흙벽돌집처럼 나도 그렇게 눈빛 고운 할머니로 늙어가야지.

잃어버린 밤을 찾아서 떠난다.
밤은 밝은 빛에 지쳐 둔감해진 감각들을
일깨우는 힘이 있다.

남편은 워크숍, 큰아이는 해외, 둘째 아이는 MT…. 어쩌다 집에 홀로 남겨졌다. 밤늦게까지 무심코 TV를 켜놓고 앉아 있다. TV가 쏟아놓는 밝은 빛이 인적이 끊긴 집 안의 어둠을 쫓아내줄 것만 같아서. 하지만 어수선한 마음은 가라앉을 줄 모르고, 전에 없이 잡념이 많아진다.

그러다 문득 혼자 어둠을 응시했던 정선에서의 밤이 떠올랐다. 폐철도 위에 여러 개의 폐기차를 연결해 만든 펜션에서 새벽에 눈을 떴는데 한 번도 경험하지 못했던 칠흑 같은 어둠이 나를 덮쳤다. 밤에도 환한 도시의 불빛에 익숙했던 내게 이 느닷없이 덮친 어둠의 공포는 온몸의 관절을 오드득오드득, 오그라들게 하는 것 같았다. 시간이 얼마나 지났을까. 양쪽 창의 사위가 서서히 희뿌옇게 변하는가 싶더니 하늘이 제일 먼저 열리기 시작했다. 어둠과 빛이 교차하던 그 순간, 난 내가 진정 살아 있음을 느꼈다. 어둠은 분명 밝은 빛에 둔감해져 있던 내 감각들을 일깨우고 있었다.

그때의 느낌이 좋아서 난 가끔 칠흑 같은 어둠을 찾아 여행을 떠난다. 지구 위에서 진짜 어둠을 만날 수 있는 곳이라면 어디든 찾아가는 《잃어버린 밤을 찾아서》의 작가 폴 보가드처럼. 미네소타 주 북부에서 눈부신 밤하늘을 보며 자란 그는 어둠 자체의 빛깔을 바라볼 수 있는 야생의 눈, 어둠에 비친 본연의 아름다움을 포착하는 영혼의 시력을 가졌다. 당장 떠날 수 없고, 집에 아무도 없는 밤이면 나는 불을 켜지 않은 채 소파에 앉는다. 엉덩이를 푹신한 소파에 깊이 밀착시키고 앉아 어둠을 응시하다 보면 환한 곳에서는 보이지 않던 것들의 정체가 선명해지는 걸 느낀다.

지금껏 먹고사는 일에
아등바등하며 살았는데,
또다시 돈 몇 푼에 얽매여 살겠다고?

'봉투 살림법'을 하다 포기했다. '봉투 살림법'은 한 달 동안 쓸 생활비를 서른 개의 봉투에 똑같이 나눠 담았다가 쓰는 건데 나와 맞지 않아서다. '봉투 살림법'에 도전하게 된 건 남편이 정년퇴직하고부터다. 마음의 준비를 안 한 것도 아닌데 매달 꼬박꼬박 들어오던 몇백만 원의 돈이 딱 끊기고 나니 와락 겁이 났다. 생활비를 줄일 수밖에 없었다.

'그래, '봉투 살림법'에 도전해보자!'

봉투에서 그날그날 돈을 빼 쓰다 보니 빳빳한 지폐가 한 장씩 빠져나갈 때마다 우울해졌다. 마치 내 영혼이 빠져나가는 것처럼. 별생각 없이 카드를 쓸 때와는 전혀 달랐다. 생활용품을 사거나 회비를 내는 것조차도 아깝게 느껴졌고, 외출했다가 커피 한잔 마시거나 밥을 사 먹는 것도 망설이다 그냥 돌아오곤 했다. 그날 마이너스가 돼서 다음 날에 쓸 봉투에서 돈을 꺼내 써야 하는 날에는 나도 모르게 얼굴이 굳어졌다. 지금까지 가계부 한번 써보지 않았다는 게 조금 후회되기도 했다. 젊었을 때부터 돈에 대한 내 나름의 가치기준을 정하고, 계획적인 생활을 해왔더라면 남편이 퇴직했어도 별 무리 없이 적응할 수 있었을 텐데….

이 나이가 되어서야 생활비를 줄여보겠다고 애를 쓰다

보니 깨달아지는 게 있다. 돈, 돈, 돈 하다 보면 결국 돈의 노예가 될 수밖에 없다는 사실이다. 지금껏 먹고사는 일에 아등바등하며 살았는데, 또다시 돈 몇 푼에 얽매여 살려고 했던가. 돈이 나를 지배해서는 안 된다는 평범한 진리 앞에 마음이 순해졌다.

　어느 심리학자가 말했다. 돈 걱정에서 자유로우려면 생각을 멈추는 게 좋다고. 들어오는 돈은 없고, 나가는 돈은 많은데 앞으로 어떻게 먹고살까 하는 물음이 올라올 때마다 내게 대답한다.

　"산 입에 거미줄 안 친다!"

/
033

꽃처럼 한 철만
사랑해줄 건가요?

결혼해서 살다 보면 우리가 정말 사랑했을까, 이게 정말 사랑일까 하는 물음들이 수시로 올라왔다 가라앉곤 한다. 손끝만 닿아도 찌르르하던 설렘 대신 결혼이라는 현실의 민낯에 당황하지 않는 사람이 과연 있을까? 남편들은 아내의 신비함이 없어졌다고 낙담하고, 아내들은 남편의 사랑이 식었다고 푸념한다.

하지만 사랑이 한 철만 피었다 지는 꽃은 아니다. 꽃처럼 한 철만 사랑해서야 어디 사랑이라고 말할 수 있을 것인가. 감정을 뜻하는 영어 단어 이모션^{emotion}의 어원은 라틴어 모베레^{movere}, 즉 '움직인다'에서 왔다. 감정은 멈추어 있지 않고 수시로 움직인다는 뜻이다. 사랑의 감정도 마찬가지다. 가만 생각해보면, 연애도 처음과 나중이 다르지 않은가. 처음에야 옷 입는 거, 화장하는 거에 특별히 신경 쓰다가 중기쯤 되면 이것저것 입어보는 것도 귀찮아 대충 입고 나간다. 종내에는 결혼해서 몇 년 산 사람처럼 제일 편한 옷으로 입고 나가게 마련인데 결혼 후 달라지는 건 당연하다. 운명이라고 느끼는 사랑도 설레는 감정은 3개월, 길어야 3년이면 끝이다. 결혼 후 남편이 달라져서 서운하다면 그 누구도 아닌, 나 스스로 만들어놓은 환상에서 조금씩 벗어나고 있다고 생각하면 된다.

　사랑했고, 그래서 결혼하고 싶었던 그 순간의 열정과 감정들을 포기해야 진짜 사랑이 시작된다고나 할까. 환상에서 벗어난 후 어려움을 함께 헤쳐 나가고, 권태로운 시간을 견디고, 가끔은 죽이고 싶을 만큼 미워하는 과정을 거치며 사랑은 단단해진다. 연애 시절, 우리가 사랑이라고 믿었던 것은 진짜 사랑이 아니라 도파민이나 옥시토신 호르몬이 만들어낸 가짜 사랑이다. 이 가짜 사랑에서 빨리 벗어나야 진짜 사랑이 뭔지 보이기 시작한다. 나는 젊었을 때보다 갱년기로 고생하는 나를 위해 영양제를 사다 머리맡에 슬쩍 놓아주는 지금의 남편에게 더 깊이 사랑받고 있다고 느낀다. 이제 비로소 보이지 않던 남편의 마음이, 나도 모르던 내가 보이기 시작했다.

남편의 집은 아내이다.
그렇다면 나는 남편에게
과연 어떤 집이었을까?

'어디슈?', '언제 오슈?', '빨리 오슈!' 하루에도 몇 번씩 날아오는 남편의 카톡에 짜증이 났다. 아이들이 커서 나를 찾지 않으니까 그렇게 자유로울 수가 없는데 남편이 나를 찾기 시작한 거였다. 집에 없으면 어디 나갔나 보다 하면 될 텐데 왜 자꾸 나를 찾는 걸까. 스트레스 게이지가 폭발 직전일 즈음, '남자의 집은 아내다.'라는 탈무드에 나온 말을 발견했다. 아, 그래서 그렇게 나를 찾았던 거구나! 집에 와도 내가 없으면 집에 온 게 아니었구나!

그렇다면 나는 남편에게 과연 어떤 집이었을까? 어쩌면 찬바람 숭숭 들어오는 오막살이집이었는지도 모른다. 따뜻함이 무기였던 나의 여성성은 어디로 다 휘발되어 버린 걸까. 목소리는 남편 목소리보다 더 크고, 남편이 한마디 하면 열 마디로 대꾸하곤 했다. 다시 나다움을 찾지 않으면 나도 추운 집에서 덜덜 떨며 살지 모른다는 위기감이 들었다. 나이가 들면 내려놓아야 한다거나 버려야 한다고 하지만 여성성만큼은 다시 찾아야 할 가치가 아닐까? 곱게 나이든 할머니들의 모습이 그걸 증명해 보이는 것 같다. 다소곳한 몸가짐이며 따뜻한 눈빛, 친절한 목소리는 영락없는 '행복하게 나이든 소녀'들이다.

따뜻한 집을 만들기로 마음먹었다. 남편에게 되도록 따뜻한 눈빛을 보내고 따뜻한 말로 바꾸기 시작한 순간, 거슬리기만 하던 남편의 행동이 봐줄 만했다. 인간의 마음이란 얼마나 간사한지. 누군가 남편이 미워도 거짓으로 좋은 척했더니 자신도 모르게 좋아지더라고 하더니 그 말이 이해됐다.

남편과의 관계는 젊어서부터 화초 가꾸듯 가꿔 가야 한다. 그렇게 하지 않으면 나이 들어서 둘이 있는 것조차 어색해질 수밖에 없다. 아이들 신경 쓰느라 남편과의 관계를 소홀히 했더니 아이들이 커서 둘만 있는 시간이 많아지니까 같이 있는 것조차 불편하고 어색하다는 사람들이 참 많다. 지옥이 따로 있는 게 아니라 부부 사이가 안 좋은 채 나이 들면 그게 지옥이다. 추운 집에서 떨면서 살지 아니면 따뜻한 집에서 포근하게 살지를 결정하는 건 아내들이다. 그러고 보면 이 세상 모든 아내들은 다 갑이다. 내가 아니면 집도 없는 남편이 그동안 객기를 부리고 있었던 거네. 불쌍하니까 거두어 주어야겠다. 따뜻한 집에서 살 수 있게.

035

딱 좋은 나이란 없다.
사람마다 다른 속도가 있을 뿐이다.

"몇 살 때가 제일 좋았어요?"

젊은 사람들이 내게 종종 묻는 말이다. 나는 모든 나이가 다 좋았지만, 지금이 제일 좋은 나이라고 말해준다. 20대는 경험이 모자라서 어수룩했지만, 생기발랄해서 좋았다. 30대는 불투명한 미래 때문에 우울했지만, 아이들 키우는 재미가 있었다. 40대는 지금과는 다른 삶을 살아야 한다는 절실함 때문에 좌충우돌했지만, 나의 정체성을 발견해내는 시간이 있어서 좋았다. 그리고 50대에 접어들어 글쓰기를 하면서부터 그 어느 때보다 행복한 시간을 보내고 있다. 세월의 흐름에 따라 같이 변화하면서 나의 쓸모를 발견해내는 일. 그것이 제대로 나이 먹어가는 방법일 것이다.

내가 만약 젊어서부터 작가였다면 어땠을까. 그랬다면 더 많은 글을 썼을 수도 있겠지만 지금까지 지치지 않고 계속 쓰고 있을 것 같지는 않다. 작가 대부분이 젊었을 때 반짝 빛을 발하다가 마흔 이후 활동을 중단했던 걸 보면. 박완서 선생님은 마흔 이후부터 글을 쓰기 시작해 노년까지 글을 쓰며 사셨다. 일찍 데뷔한 작가들보다 오히려 다양한 경험들이 쌓여서 글쓰기에 더 좋았던 것은 아니었을까.

딱 좋은 나이란 없다. 사람마다 제각각 다른 속도가 있을 뿐이다. 내 삶의 변화에 맞춰 행동을 옮기는 그 순간, 그때가 딱 좋은 나이다. 나이를 틀에 맞춰 규정하는 것은 지나간 시대의 유물이다.

/
036

독이 되는 사람,
득이 되는 사람

"어?"

상자를 여는 순간 깜짝 놀랐다. 양파와 감자를 넣어 둔 상자에서 양파가 썩어가고 있었다. 멀쩡하던 양파가 이렇게 썩다니! 양파와 감자를 같이 두면 감자가 수분을 배출해 양파를 빨리 썩게 한다는 걸 몰랐다. 30여 년의 주부 경력이 무색해지는 순간이었다. 주먹을 불끈 쥐고 독기를 뿜어내고 있는 감자에서 양파를 얼른 떼어 놓았다. 그동안 여린 속살을 내보이지 않으려 여러 겹으로 에워싸고 있던 양파는 얼마나 속이 터졌을까. 올이 나간 스타킹에 하나씩 넣고 사이사이를 묶어서 넣으니 마음이 놓였다. 그러고 보니 사람도 감자 같은 사람과 양파 같은 사람이 있지 않을까 하는 생각이 들었다. 드라마 〈미생〉의 오 차장 말이 떠올랐다.

"파리 주위에 있으면 변소 주변이나 어슬렁거릴 거고, 꿀벌 주위에 있으면 꽃밭을 함께 다니게 된다잖아."

사람 관계도 서로에게 독이 될 수도 있고 득이 될 수도 있다. 그렇기에 독이 되는 사람은 없는지 가끔은 내 주변을 '냉정한 눈'으로 살펴볼 필요가 있다. '냉정한 눈'이란 '객관적인 눈'을 말한다. 내게 독이 되는 사람도 나한테 잘하면 독이 되는 사람인지 아닌지 판단할 수 없으므로 객관적으로 보는 눈이 필요하다. 내게 잘해도 매사에 부정적인 사람, 질투가 심하고 이기적인 사람, 남의 말하기를 좋아하는 사람은 독이 되는 사람이다. 그렇다면 어떻게 독이 되는 사람을 걸러낼 수 있을까? 나는 다른 사람을 어떻게 대하느냐를 보고 그 사람을 평가한다. 자기보다 약자인 사람은 함부로 대하고, 강자인 사람에게는 잘 보이려고 하는 사람은 독이 되는 사람이다. 반면에 약자에게 친절하고, 강자에게 당당한 사람은 누구에게나 득이 되는 사람이다. 니체도 남에게 친절한 자가 정의로운 자라고 했다.

우리의 마음은 사람으로 인해 따뜻해지기도 하고, 사람으로 인해 얼어붙기도 한다. 지금 내가 어떤 사람과 가까이하고 있느냐가 내가 누구인지를 대신 말해주고, 앞으로 내 인생을 끌고 가게 될 것이다. 무라카미 하루키가 마라톤을 하면서 외웠다는 "아픔은 피할 수 없지만, 고통은 선택하기에 달렸다."라는 말이 인간관계에도 적용된다. 사람들과의 관계 속에서 파생되는 불협화음은 피할 수 없겠지만 잘 골라 사귀다 보면 사람으로 인해 스트레스받는 일이 줄어들 것이다.

나는 그 누군가에게 감자일까, 양파일까? 아니면 함께

두면 감자와 양파를 오래 보관할 수 있는 사과일까? 이왕이면 사과였으면 좋겠다.

/
037

여행은 기회 있을 때
빚을 내서라도 가야 한다.

지금까지 살아오면서 내가 제일 잘한 일은 뭘까? 그 무엇보다 틈틈이 여행의 기회를 얻었다는 거다. 나는 여행을 통해 학교에서 배운 것보다 훨씬 많은 것들을 배웠다. 특히 나에 대해 많이 배웠는데 익숙한 일상에서는 보이지 않았던 내가 낯선 곳의 낮과 밤 아래서는 숨김없이 드러났다. 나는 이런 걸 좋아하는구나, 나는 참 잘 웃는 사람이었구나, 앞으로 이렇게 살아가면 되겠구나 등등. 여행하는 횟수가 늘어갈수록 내 의식 세계가 넓어지는 걸 느꼈고, 아이들을 키우는 데도 많은 도움이 되었다. 선진국 사람들의 교육 방식을 눈여겨보면서 남의 기준대로 키우기보다 내 기준대로 키우는 법을 배웠다. 아이들의 눈으로 바라봐주고 응원해주면서. 여행보다 더 좋은 공부는 없었다. 여행은 내 삶을 바꿔준 마법의 도구였다.

여행은 내가 어디에 있는지, 어디로 가야 하는지 모를 때 떠나야 한다. 여기가 아닌 다른 어딘가로 떠나봐야 내 자리가 보인다. 나무만 보면 숲이 안 보이는 것처럼, 현실 속에 묻혀 있다 보면 눈앞의 것만 보이고 다른 건 보이지 않는다. 떠나보면 내 자리라는 것이 순간순간을 살아내며 얻어낸 소중한 결과임을, 내가 원하던 것이 다른 곳에 있는 게 아니라 내 자리에 이미 존재해 있음을 확인하게 된다. 그런 확인이 필요해서 사람들은 일상이 지루해질 때쯤 여행을 떠났다 돌아오기를 반복하는 여행 중독자가 되는 건지도 모르겠다.

며칠 전, 여동생이 빠듯한 살림에 친구들과의 해외여행을 가야 할지 말아야 할지 고민이라고 했다. 나는 여행은 기회 있을 때 빚을 내서라도 가야 한다며 등을 떠밀었다. 떠나보면 알게 될 거라고. 모처럼 해외여행을 떠났던 동생에게 메시지가 왔다.

"언니, 로키의 경치가 눈물 나게 아름다워. 이렇게 잠시 쉬면서 가도 좋았을걸 나는 왜 그렇게 달리기만 했을까. 돌아가면 새로운 마음으로 일상을 살아갈 수 있을 것 같아."

드디어 내 동생도 인생의 마법 하나를 알게 되었나 보다.

038

군이 아이를 낳아 기르고,
자식을 결혼시키는 이유는 뭘까?

딸의 결혼식이 얼마 남지 않았던 어느 날, 나는 딸에게 선언했다. 엄마 인생에 절대로 끼어들지 말라고.

내 길을 가겠다고 호기롭게 외쳤던 선언을 먼저 깬 건 나였다. 딸을 결혼시키고 났더니 별의별 게 다 궁금했다. 반찬은 제대로 해 먹고 사는지, 집 안 청소는 잘하고 있는지를 넘어 남편과 어떤 대화를 주고받는지, 주말에는 오붓하게 여행이라도 다녀오는지, 싸우지는 않았는지….

급기야 딸이 며칠간 홍콩 출장을 간다는 말에 친구와의 약속도 깨고 부리나케 달려갔다. 집도 싸주고, 집 안 청소도 해주고, 혼자 있을 사위를 위해 반찬이라도 해줘야 한다는 명분 아래. 그동안 좋은 엄마로 살지 않았으면서 갑자기 좋은 엄마인 것처럼 달려가는 나도 내가 낯설었다. 김애란 작가의 책 《두근두근 내 인생》에 나오는 구절이 생각났다.

'사람들은 왜 아이를 낳을까?'
'자기가 기억하지 못하는 생을 다시 살고 싶어서.'
'아이'라는 말을 '자식 결혼'으로 대입시켜 봤다.
'사람들은 왜 자식을 결혼시킬까?'
'자기가 겪어보지 못한 신혼을 다시 살고 싶어서.'

맞다. 나는 딸에게서, 내가 겪어보지 못한 신혼의 달콤함을 대리 만족하고 싶었던 것 같다. 딸의 신혼 얘기를 듣고 있노라면 내 상상 속의 신혼이 더해져 내가 다시 신혼을 사는 듯 설렜다. 부부가 나란히 침대 헤드에 등을 기대고 앉아 슬라이드로 영화를 보고, 소꿉장난하듯 맛있는 걸 같이 해 먹고, 근사한 레스토랑에 가서 와인 잔을 부딪치고, 신랑 등에 아이처럼 업히기도 하고, 등 뒤로 숨기고 온 신랑의 꽃다발을 받고….

딸에게 말해줬다. 나는 누리지 못했지만, 실컷 누려보라고, 지금 즐기지 못하면 평생 안타까워할지도 모른다고.

내가 신혼이었을 때는 잘 몰랐지만 시간이 지나고 보니 그때가 얼마나 빛나는 때였는지를 알겠다. 어머님은 "좋은 건 네가 써라." 하시며 뭐든지 좋은 건 내게 주셨는데, 그때 어머님의 마음이 지금 내 마음 같았으리라. 어느새 나도 예쁘고 좋은 건 다 딸에게 주고 싶다. 딸은 새봄의 꽃처럼 피었고 나는 가을 저녁처럼 저물고 있으니 좋은 건 딸이 써야 더 빛나지 않겠는가. 이제야 내리사랑이란 게 뭔지 알 것 같다. 딸 부부에게 나태주 시인의 '사랑에 답함'이라는 시 한 편을 보자기에 곱게 싸 퀵서비스로 보내고 싶은 밤이다.

예쁘지 않은 것을 예쁘게
보아주는 것이 사랑이다

좋지 않은 것을 좋게
생각해주는 것이 사랑이다

싫은 것도 참아주면서
처음만 그런 것이 아니라

나중까지 아주 나중까지
그렇게 하는 것이 사랑이다

지금 다시 시작하기에 늦지 않았을까?
그 구태의연한 의문은
버릴 때도 됐다.

오래전, 방송국 안에 있는 카페를 할 때였다. 출근하려고 머리를 감는데 양쪽 코에서 코피가 흘렀다. 한 바가지나 흘리고도 멈추지 않아 응급실로 실려 가서야 멎었다. 의사는 아들과 나를 번갈아 바라보며 말했다.

"고혈압이 있는 줄 모르셨어요? 머리로 터졌더라면 정말 큰일 날 뻔했네요. 쯧쯧!"

맙소사, 내 몸에 병이 깃든 줄도 모르고 살았다니. 응급실에 실려 가서야 몸이 만신창이가 되었다는 사실을 알았다. 신발도 짝짝이로 신고 혼이 빠져 있는 아들의 몰골을 바라보자니 정신이 번쩍 들었다. 오늘 아침 아들에게 밥을 해 먹인 게 마지막일 수도 있는 거였구나, 생각하니 카페를 접어야겠다는 판단이 섰다. 그렇지만 도저히 용기가 안 났다. 내가 그렇게 하고 싶어 하던 카페를 시작해 천신만고 끝에 여기까지 왔는데….

마치 울에 갇혀 버린 인도 원숭이가 된 것 같았다. 인도에는 원숭이를 가두는 법이 있는데 벽에 구멍을 내고 구멍 뒤에 커다란 망고를 숨긴다. 그러면 원숭이는 작은 구멍 속의 망고를 움켜잡고 꺼내려고 안간힘을 쓰다가 결국 그곳에 갇히고 만다. 망고는 구멍보다 커서 꺼낼 수가 없기 때문이다. 원숭이는 망고를 포기하면 되는데 그걸 포기하지 못해서 갇히게 되는 것이다. 그때 나도 원숭이와 똑같았다.

'어떻게 시작한 카페인데 그만둬? 이제 겨우 통장 잔액이 쑥쑥 올라가기 시작했는데? 지금 그만두면 투자한 돈은 어떻게 해? 이번에 그만두면 뭔가를 다시 시작하기 어려울 걸?'

종일 방구석에 누워 고민했다. 머릿속에는 포기할 수 없는 것들만 가득했다. 며칠 고민 끝에 제주도로 가 올레길을 무작정 걸었다. 걷고 또 걷다 보니 온갖 물음표들이 사라지고 마침표가 찍혔다.

'카페를 그만두자.'

카페를 포기한 이후 아무것도 하지 못할 줄 알았던 내게 작가에 도전해보고 싶은 새로운 용기가 생겼고, 마침내 어릴 적 꿈을 이룰 수 있었다.

인생이란 게 어떤 틀대로 곧게 가는 건 아니다. 강물처럼 굽이굽이 흘러가다 장애물을 만나 멈추기도 하고, 폭우도 만나면서 둥글둥글 곡선을 그리며 가는 거다. 지금 혹시 해놓은 것도 없이 나이만 먹고 있는 것 같아 불안해도, 지금이 아니면 아무것도 되지 못할 것 같아 우울해도, 인생은 아무도 모르는 것이다.

나도 젊었을 때는 어느 것 하나
내 마음대로 되는 게 없어서
불안하고 또 불안했다.

딸에게 물었다.

"요즘 너의 가장 큰 고민은 뭐야?"

"결혼 전까지만 해도 나이 먹는 게 고민이었는데, 결혼하고 나니까 미래에 대한 불안이 가장 큰 고민이지 뭐. 어떻게 먹고살아야 할지, 아이는 낳아서 잘 키울 수 있을지…. 다른 여자들도 아마 마찬가지일 거야."

우리 세대는 그래도 열심히 일하면 일한 만큼의 대가를 줬는데 지금의 사회적 구조는 그마저도 허락되지 않으니 미래에 대한 불안이 클 수밖에 없을 것이다. 그렇다고 불안에 사로잡혀 지금 해야 할 일을 잊어서는 안 된다. 불안이 무서운 건 현실에 집중하지 못하도록 방해하기 때문이다.

나도 젊었을 때는 어느 것 하나 내 마음대로 되는 게 없어서 불안하고 또 불안했다. 그 불안을 어떻게 해결해야 할지 골몰하다 보니 불안은 또 다른 불안을 불러와서 나를 무기력하게 했다. 더구나 무슨 일이든 내 마음대로 돼야 직성이 풀리는 성격이라 다른 사람보다 더 많은 불안을 안고 살았던 것 같다. 그러다 보니 내 삶에 집중하지 못했고 늘 안절부절못했다. 만약 그 시절로 돌아간다면 불안에 끌려다니지 않고 지금 당장 집중해서 할 일이 뭔지를 찾아보고 집중할 것 같다. 책도 많이 읽고, 더 열심히 공부도 하고, 연애도 실컷 해보고, 비키니도 맘껏 입어보면서.

슬로베니아 출신 철학자인 레나타 살레츨은 그의 책《불안들》에서 말했다. "불안은 인간의 본질적 조건이며, 사람들이 세계와 관계를 맺는 데 매개가 되는 조건이다.", "불안은 주체를 준비 상태로 만들 수 있는 힘이 있고, 이는 주체가 신경쇠약이나 트라우마를 유발할 만한 사건을 맞닥뜨리는 경우 무기력해지거나 놀라는 정도를 줄여줄 수 있다."고. 부정적으로만 인식되어 오던 불안이 이런 긍정적인 면을 갖고 있다는 것만 알아도 조금은 위안이 된다. 예를 들면 시험에 대한 불안이 시험을 잘 치를 수 있도록 준비시키기도 하니까. 그래서 심리학자들이 한결같이 불안을 느끼면 불안에 저항하지 말고 그저 바라보라고 하는 것인지도 모르겠다.

나는 요즘 불안에 대처하는 법을 알았다. 갱년기 증후군까지 겹쳐 더 큰 불안이 찾아오면 '또 왔구나, 그냥 나랑 놀자.' 하는 여유를 부리게 된다. 음악을 듣는다거나 책을 보면서 다른 것에 집중하다 보면 언제 그랬냐는 듯 사라지고 없다. 불안은 나 좀 예쁘게 봐주세요, 하며 관심 끌고 싶어

하는 어린아이와 같다. 관심 두지 않고 내버려 두면 알아서 제 갈 길 간다. 불안에 잠식당하지 않으려면 하루하루에 마음을 집중해서 소소한 행복을 찾아내는 것, 오직 이것뿐이다. 살아 있는 사람이라면 누구나, 어떤 나이든 불안한 건 마찬가지다. 불안 없는 삶이 오히려 더 불안한 건 아닐까.

041

내가 생각하는 집은
밥 내음,
꽃 내음이 나는 곳이다.

집도 얼굴처럼 첫인상이라는 게 있다. 현관문을 들어서는 순간 뭔가 아늑함이 느껴지는 집이 있는가 하면 모델하우스처럼 사람 사는 냄새가 안 나는 집이 있다. 무슨 차이일까? 가만 보면 주인의 손길이 그 집에 얼마나 묻어 있느냐 그렇지 않으냐가 아닌가 싶다.

난 지금 사는 이 집이 참 좋다. 그 어느 집보다 내 손길이 곳곳에 배어 있어서다. 셀프 분식집에 가면 물도 갖다 먹기 싫어하는 내가 셀프 인테리어를 했다. 똑같은 구조와 뻔한 디자인이 싫어서 전실에는 공원의 나무와 벤치 그림이 있는 벽화 벽지를 바르고, 아래쪽에는 황토색 벽돌로 마무리했다. 방마다 우리 집 취향에 맞는 벽지를 골라 발랐고, 베란다에는 행운목과 테이블 야자, 산세베리아 등이 자라는 작은 정원도 만들었다. 거실 창 아래에는 창 길이만큼 길게 콘솔을 놓고 '사색의 테이블'이라는 이름도 붙였다. 그 테이블에서 책도 보고, 커피도 마시며 생각에 잠기다 보면 소란스럽던 마음도 사르르 잦아들고 고요해진다.

나는 집이란 밥 내음, 꽃 내음이 나는 곳이어야 한다고 생각한다. 먹고 자는 집이 아니라 즐거운 곳에서 오라고 해도 머물고만 싶어지는 집, 계절을 집 안에서 느낄 수 있는 집. 모델 하우스가 아무리 멋지고 근사해도 정감이 느껴지지 않는 건 사람의 체취와 손길이 아직 미치지 못했기 때문이다. 진정한 스위트 홈은 비싸고 멋진 소품이 없어도, 크고 화려하지 않아도 주인의 정성 어린 손길이 지문처럼 남아 있는 곳이다. 내 인생 최고의 스위트 홈이 된 이 집에는 우리 가족의 체취가 그대로 묻어 있다. 삼수하며 밤을 낮인 듯 공부에 매진하던 아들의 까만색 책상, 심신 건강한 청년 만나 결혼하기 전에 딸이 쓰던 작은 화장대, "애미야, 우리 집 참 좋다!" 하시며 앉아 계시던 어머님의 흔들의자. 가끔 손으로 쓸어보면 마음이 따뜻해져 온다.

언젠가 이 집을 떠나야 할 날이 온다면, 아기 볼처럼 빨갛게 감이 익어가는 감나무가 담장을 기웃거리는 시골집에 살고 싶다. 햇살을 듬뿍 받으며 익어 가는 감을 보면서 나도 그렇게 붉게 익어 가다 감 꼭지처럼 똑 떨어졌으면!

042

'열심히'보다는
'최선을 다해'

느지막이 일어난 아침, 온 집 안이 고요하다. 내가 주섬주섬 옷 입는 소리, 천천히 주방으로 걸어가는 발소리만이 고요한 정적을 깨트린다. 식탁에 앉아 창밖을 봤더니 간밤에 눈이 내렸는지 전나무 가지에 흰 눈이 소복하다. 삭풍이 불어와 눈을 털어내려고 하지만 전나무 가지들은 눈을 떨어뜨리지 않으려고 안간힘을 쓴다. 그냥 바람에 몸을 맡겨도 좋을 텐데. 애쓰는 전나무의 모습이 마치 예전의 내 모습을 보는 것 같다.

나는 뭐든지 열심히 해야 한다는 생각에 나 자신을 다그치고 가혹하게 다뤘다. 나는 하나의 몸인데 한쪽은 엄마, 한쪽은 여자, 한쪽은 아내, 한쪽은 며느리라는 네 쪽의 몸으로 완벽하게 사는 걸 내 자존심을 지키는 거로 생각했다. 힘들다고, 좀 도와달라고 하지 않고 열심히 살아야 능력 있는 여자가 되는 것으로 착각했다. 몸이 망가져 응급실에 실려가서야 삶이란 100m 달리기가 아니라 천천히 걸어가야 하는 순례길이란 걸 알게 됐다. 힘들면 좀 쉬어 가도 괜찮다고 나에게 좀 더 관대했다면 좋았을 것을. 열심히 해라, 그래야 성공한다는 교육을 받고 자랐으니 그럴 수밖에 없었으리라. '열심히'라는 말 대신 '최선을 다해'라는 말로 교육받고 자랐다면 어땠을까? 이루지 못한 것에 자책하기보다 최선을 다한 나에게 손뼉을 쳐주었을 것이다.

사람들은 모두 '열심히'라는 말에 꽂혀 산다. 열심히 하지 않으면 죄책감에 시달리면서. 하지만 열심히만 한다고 다 잘할 수 있는 것도 아니고, 다 성공하는 것도 아니다. 육아도 일도. 아이가 놀아달라고 하면 기회는 이때다 하고 놀고, 일이 산더미같이 쌓여 있어도 잠시 숨을 고를 여유를 찾는 시간이 필요하다. 좋은 생각은 오히려 책상에 앉아 열심히 머리 쓸 때보다 빈둥거릴 때 나온다. 샤워할 때나 산책할 때 혹은 아무것도 안 하고 뒹굴뒹굴할 때 '열심히'라는 말 대신 '최선을 다해'라는 말을 가슴에 새기면 어떨까. 그래야 끊임없이 나를 채찍질하는 강박증에서 벗어나 여유를 찾을 수 있다.

손석희 아나운서가 진행하는 JTBC '뉴스 룸'의 마지막 멘트는 "내일도 최선을 다하겠습니다."다. 나는 이 말이 "열심히 하겠습니다."보다 열 배는 더 믿음이 간다. 묵묵히 자기가 할 수 있는 만큼만 하겠다는 의지의 표현이고, 자기 식대로 하겠다는 다짐처럼 들려서다. 나도 뭔가를 하지 않으면 죄책감에 시달리는 대신 느지막이 일어나 시작하는 하루에서, 또 아무것도 하지 않아도 되는 하루에서 삶의 아름다움 찾기에 '최선을 다하는' 삶이고 싶다. 느지막이 일어나 턱을 괴고 창밖을 바라보고 있는 오늘 하루가 마치 기적 같다. 온 나라가 아수라장으로 변한 이 소용돌이 속에서 맞는 여유로운 아침이라니!

043

사랑도 표현하지 않으면
두고두고 상처로 남는다.

살다 보면 시 한 줄, 문장 한 줄 읽다가 울컥할 때가 있다. 정채봉 시인의 '어머니의 휴가'라는 시를 읽다가 나도 모르게 두 손으로 얼굴을 감쌌다. 이내 눈시울이 뜨거워졌다.

하늘나라에 가 계시는
엄마가
하루 휴가를 얻어 오신다면
아니 아니 아니 아니
반나절 반시간도 안 된다면
단 5분
그래, 5분만 온대도 나는
원이 없겠다

엄마가 '단 5분만' 휴가를 나온다면 난 엄마에게 꼭 한 가지 용서를 구할 게 있다. 중학교 2학년 때, 우리 집은 철길 옆 단독 주택 뒤채에 세 들어 살았다. 어느 날 학교가 끝나고 집으로 갔더니 엄마와 주인집 아주머니가 싸우고 있었다. 아니, 싸우는 게 아니라 주인아주머니가 엄마를 일방적으로 닦달하고 있었다. 아무 데나 똥을 싼 강아지 야 단치듯이. 주인아주머니는 엄마가 항아리를 훔쳐갔다고 덮 어씌우는 모양이었다. 평소에도 애들이 너무 많네, 대문을 닫는 소리가 너무 크네, 옥상에 빨래를 너무 많이 널었네 하며 엄마 속을 뒤집어놓더니 이번에는 아예 우리 가족을 내보내자고 작정한 듯했다. 엄마는 분함에 못 이겨 온몸을 바들바들 떨면서 "그럼, 우리 집에 와서 항아리를 찾아보 라."고 말했지만 작은 목소리는 앙칼진 주인 여자의 목소리 에 묻혔다.

나는 열 살은 젊어 보이는 주인 여자에게 당하고 있는 엄마를 보는 게 속이 터졌다. 왜 더 큰 소리로 대들지 못하 는지, 아니면 머리채라도 잡고 흔들지 못하는지. 엄마의 팔 을 잡아끌고 뒤채 우리 집으로 와서 퍼부었다.

"엄마, 훔쳐갔으면 훔쳐갔다고 말해. 왜 우리가 이런 말 을 들으며 살아야 돼?"

엄마는 찬 부엌 바닥에 허물어지듯 주저앉으며 앙가슴 을 쥐어뜯었다.

"애먼 소리 듣는 것도 분한데 너까지 이러면 내가 어떻 게 사니?"

그 말도 듣기 싫어 밖으로 뛰쳐나왔다. 마침 땡, 땡, 땡, 철길 건널목에 신호음이 울리더니 기차가 달려왔다. 나는 기적을 울리며 내 눈앞을 통과하는 기차에 대고 목청껏 소리쳤다.

"우리 엄마는 그런 사람 아니에요, 아니라고요!"

기차에 대고 소리칠 게 아니라 아주머니에게 따졌어야 했다. 나는 왜 그때 엄마 편에 서주지 못했을까. 나는 엄마의 가슴에 대못을 치고 말았다.

내가 얼마나 못된 딸이었는지 생각하면 할수록 얼굴이 달아오른다. '나무는 가만있자고 하나 바람이 그치지 않고, 자식은 효도하고자 하나 부모는 기다려주지 않는다.'더니 두 무릎을 꿇고 용서를 구하고 싶지만 내 용서를 받아줄 엄마는 세상에 없다.

왜 우리는 엄마에게 그토록 마음에도 없는 말과 행동을 하게 되는 걸까. 엄마라는 존재는 왜 떠나보낸 뒤에야 비로소 그 존재감을 느끼게 되는 걸까. 있을 때 잘하란 말은 엄마와 자식 간에 더 필요한 말이 아닐까?

만약 엄마가 '단 5분' 휴가를 나온다면 단 한 번도 해보지 못한 말, 엄마를 정말 사랑했다고 말하고 싶다. 5분이 지나 다시 하늘로 돌아가신다면 다시 만날 날을 위해 더 많은 자랑거리를 만들 것이다. 엄마 옆에 어깨를 맞대고 누워서 밤새워 자랑할 수 있게.

부모는 부모대로 자식은 자식대로
각자의 자리에서 행복하되,
가끔은 가족애를 나누는 날이 필요하다.

우리 집 현관이 다섯 켤레의 신발로 왁자지껄하다. 평소에는 남편과 내 신발 두 켤레로 단출하다가 오늘처럼 이렇게 다 모이는 날은 드물다. 오랜만에 만난 신발들도 반가운지 서로 옆구리를 꼭 맞대고 있다.

가족이라는 이름으로 돌아온 신발을 가만 바라보고 있으니 신발이 주인의 이야기를 하는 것만 같다. 뒤축이 한쪽만 닳은 남편의 구두는 어깨의 짐이 얼마나 무거운지를, 반짝반짝 빛나는 딸의 하이힐은 가장 좋은 시절을 보내고 있음을, 먼지가 잔뜩 묻은 아들의 신발은 '열정 페이'에 하얗게 질려 버렸음을, 항공모함 같은 사위의 신발은 '삼포시대'를 무사히 건너와 잠시 한숨 돌리는 중임을! 사건 사고가 많은 현실에서 아무 일 없이 돌아와 현관에 신발을 부려 놓은 것만으로도 감사한 마음이다. 신발에 묻은 먼지조차도 내 남편과 아이들을 위해 날아와 앉은 것처럼 특별하게 느껴진다.

예전에는 가족이라고 하면 동화작가 로라 잉걸스 와일더의 《초원의 집》을 떠올렸다. 같은 공간에서 같이 자고, 같이 밥 먹고, 같이 뒹구는 게 가족의 행복이라고 생각했다. 지금은 생각이 달라졌다. 삶의 방식이 다양해지고 모두가 바쁘게 살아가는 세상, 부모는 부모대로 자식은 자식대로 각자의 자리에서 행복하다면 그게 가족의 행복이 아닐까 싶다. 그러니 가끔은 가족애를 나눌 시간이 필요하다. 함께하는 시간이 뜸하면 가족애도 잊히게 마련이니까. 수시로 확인하며 우애를 다져야 끈끈한 가족애로 뭉쳐질 수 있다.

영화 〈태풍이 지나가고〉에는 가족들이 모이는 날이 나온다. '초밥의 날'. 외지에 나가 사는 아들 가족이 어머니와 함께 모여 초밥을 먹는 날이다. 같은 공간에서, 같은 음식을 먹으며 이야기 나누는 것만큼 행복한 일도 없다. 이 영화를 보면서 고기를 좋아하는 우리 집은 '한우의 날'로 정해서 모이면 좋겠다는 생각이 들었다. 아무런 조건 없이 내 편인 사람들. 언제나 나를 기다려주고, 관심 가져주는 든든한 내 편이 있다는 걸 생각하면 세상 그 무엇도 두렵지 않다.

집 안으로 향해 있는 신발코가 어느 순간 다시 밖으로 틀어져 각자의 삶을 살다 돌아올 것이다. 집으로 다시 돌아오는 순간까지 나는 사무엘의 '오늘도 무사히'라는 그림처럼 기도하는 마음으로 현관 앞을 서성이게 될 것 같다.

아무 탈 없이 내 품으로 돌아와 주기를 간절히 바라면서.
그게 엄마로, 아내로 사는 나의 숙명이니까.

'그냥'이란 말이 좋아진다.
삶은 의미로 사는 게 아니라
그냥 사는 것이다.

문삼석 시인의 '그냥'이라는 동시가 있다.

엄만
내가 왜 좋아?
- 그냥...

넌 왜
엄마가 좋아?
- 그냥...

내가 왜 좋으냐고 서로 묻는 아이와 엄마.

대답은 둘 다 '그냥'이다. 그 어떤 말을 갖다 쓴들 이보다 더 정겨울 수 있을까. 사는 일도 이처럼 간결하고, 꾸밈없었으면 좋겠다.

우리는 삶에 너무 많은 의미를 부여하며 산다.

'내가 왜 이 일을 해야 하지?'

'내가 왜 이런 사람과 사는 거지?'

'내가 이걸 꼭 해야 돼?'

'이게 나에게 무슨 의미가 있지?'

자꾸 의미를 붙이다 보면 사는 게 더 힘들어진다. 살아 보니 삶은 의미로 사는 게 아니라 그냥 사는 것이었다. 세상일은 '어쩌다', '우연히', '얼떨결에', '그냥' 이루어지는 것들이 참 많다. 별일 없는, 소박하고 잔잔한 일상들이 구슬처럼 꿰어져 삶을 완성한다.

그저 꿈으로 그칠지라도
나는 오늘도 꿈을 꾼다.
꿈 없인 삶의 기쁨도 없다.

결혼한 여자들에게 꿈이 뭐냐고 물어보는 건 왠지 어색하다. 일하랴, 살림하랴, 육아하랴 혼을 빼고 살다 보면 꿈을 꾼다는 건 어쩌면 사치일지도 모르겠다. 나도 마찬가지였다. 연년생 아이 뒤치다꺼리하고 시집살이하느라 무슨 꿈이 있었는지조차 잊고 살았다. 그러던 어느 날, 중학교 입학식을 마치고 온 아들이 물었다.
"엄마는 무슨 재미로 살아? 어른 되면 재미가 하나도 없을 것 같아. 꿈도 없고! 난 애들이랑 참 재밌는데…."
내가 얼마나 재미없는 얼굴로 살았으면 이런 말을 할까. 아들의 말이 내 마음속에서 일랑일랑 파문을 그려 나갔다. 내 꿈이 뭐였더라? 정신없이 사느라 내게 한 번도 물어보지 않은 질문이었다. 가족을 위해 쓰던 시간을 쪼개 나를 위해 써봐야겠다는 생각이 들었다. 각종 강좌를 들으러 다니고, 새로운 사람들을 사귀며 조금씩 나를 위한 시간을 만들어갔다. 조금씩 꿈에 다가서고 있는 느낌이 들자 내 마음은 풍선처럼 부풀었다.
꿈이 뭐냐고 묻는 게 실례인 시대다. 나이가 몇 살인지, 몸무게가 얼마인지를 묻는 말처럼. 어차피 '노력'해도 안 될 거란 패배감에 젖어 있는 사람들에게 꿈을 가지란 말이 오히려 무거운 짐이 되어 지치게 할지 모른다. 그렇지만 도전해보기도 전에 나태해지고 무기력해지는 건 삶에 대한 회피다. 미국의 시인이자 소설가인 존 업다이크는 '꿈은 이루어진다. 이뤄질 가능성이 없다면 애초에 자연이 우리를 꿈꾸게 하지도 않았을 것이다.'라고 했다. 지금 뭔가 되는 일 없어 삶이 막막하다면 별빛이 되어 줄 작은 꿈이 필요할 때다. 삶이 힘들면 힘들수록 그나마 꿈이라도 꾸어야 희망이 생기고 견딜힘도 생기지 않겠는가. 청춘이 피기도 전에 시들어버린다면 그건 청춘을 저버리는 일이다.

누구나 내면에는 꿈의 씨앗이 있다. 어떻게 가꾸어 꽃을 피우느냐 그렇지 않으냐에 따라 삶이 달라진다. 처음엔 내 꿈이 과연 이루어지기는 하는 걸까, 내가 잘해낼 수 있을까 하는 두려움이 있지만 두려움을 떨치고 한 발 한 발 내딛다 보면 어느 순간 이루어지게 된다. 그것은 아기가 첫걸음을 떼는 것과 같다. 첫발을 뗄 때는 두렵지만, 첫발을 떼고 난 다음부터 넘어져도 일어나 다시 걷게 되는 것처럼. 처음부터 오로지 꿈을 향해 달리다 이루는 사람은 별로 없을 것이다. 나도 작가가 되리라고는 생각 못 했지만 한 발 한 발 걸어가다 보니 어느 날 작가가 되어 있었다. 작은 꿈을 이뤄본 사람은 안다. 하나의 작은 꿈을 이루고 나면 그 작은 꿈이 또 다른 꿈을 불러온다는 것을. 살아지는 대로 그냥 살아가기에는 우리의 삶이 너무 길다. 꿈을 꾸는 것도 나, 그 꿈을 이루기 위한 내비게이션도 나, 결국 삶은 꿈꾸는 사람의 것이다. 패배감에 젖어 꿈꾸기를 멈춘다면, 자신에게 유죄다.

/

047

삶은 몸을 써서 얻어낸 경험으로
조금씩 물들어간다.
무조건 하고 본다.

"몸을 움직여라. 그렇지 않으면 나쁜 마음이 끼어든다."

엄마는 늘 토씨 하나 틀리는 법 없이 잔소리했다. 남존여비 시대에 배우지도 못한 엄마가 어떻게 "악행이라도 저질러라."라던 니체와 같은 말을 했던 걸까. 배우지는 못했지만 그렇다고 무지하지 않았던 엄마 덕분인지, 나는 늘 뭔가를 배우기 위해 기웃거린다. 그러다가 이거다 싶으면 바로 실행에 들어가야 마음이 놓인다. 지금 내 삶이 남보다 조금 더 풍요롭다면 아마도 이런 실행력과 경험이 내 안에 스며들어서일 것이다.

삶은 몸을 써서 얻어낸 경험들로 조금씩 물들어간다. 내가 원하는 걸 얻으려면 무조건 그냥 해보는 거다. '아니면 말고' 정신으로 과감하게. 나중에, 언젠가는, 이다음에 하면서 훗날로 미루다 보면 훗날은 또 훗날을 기약할 게 뻔하다. 성공했다고 말하는 사람들도 사실은 처음에 그냥 한번 해본 것이 성공의 씨앗이 되었을 것이다. 경험이 모래성처럼 사라질까 봐 두려워할 필요 없다. 비록 실패로 끝났다고 하더라도 좌충우돌하면서 부딪치고 깨지며 얻은 경험들은 내 뼛속에 박혀 나를 지탱해준다.

나는 지나온 시간을 후회하지는 않지만 가끔은 아쉽다.

더 많이 경험해볼걸, 하는 미련 때문이다. 지금도 늦지 않았다고 할지 모르지만 젊었을 때 할 수 있는 일과 지금 할 수 있는 일은 엄연히 다르다. 지금 이 나이에 번지 점프를 한다면? 아, 생각만으로도 속이 울렁거린다. 프랑스 저술가 앙리 장송이 말했다. "화가는 자기 그림이 제 나이고, 시인은 시가 제 나이고, 시나리오 작가는 자기 영화가 제 나이다."라고. 그렇다면 보통 사람들의 나이는 경험의 나이가 아닐까.

위로가 되는 말은
'괜찮아', '힘내'가 아니다.
그저 조용히 곁에 있어 주는 것이다.

종영한 드라마 '응답하라 1988'은 대사 한 마디 한 마디에 사람 냄새가 난다. "힘내."라는 말보다 "같이 가자."거나 "라면 먹을래?" 하고, 국제바둑대회를 앞둔 택이가 "나, 져도 돼?" 하고 물으니 덕선이가 "응, 져도 돼." 한다. "꼭 이겨야 돼, 파이팅!"이라는 말보다 빛난다.

우울증에 걸린 사람에게 우리는 습관적으로 "괜찮아, 다 잘될 거야."라거나 "힘내!"라는 말을 건넨다. 마치 할 말이 없어서 "다음에 밥 한번 먹자."고 하는 말과 같다. 이런 식의 말은 위로가 아니라 독이다. 더는 힘을 낼 수 없어 좌절하고 있는 사람의 마음을 열게 하는 게 아니라 더 닫히게 한다. 그럼 무엇이 필요할까? 먹을 건 잘 챙겨 먹고 있는지 지켜봐 주고, 밥이라도 같이 먹으면서 곁에 있어 주는 것이다.

타블로는 그의 노래 '헤픈 엔딩'에서 "돈 내라는 말보다 싫은 말이 힘내."라는 노랫말을 썼다. 힘든 시기를 거쳐 온 사람만이 쓸 수 있는 노랫말이라는 생각이 든다. 귀신이 나타날까 봐 무섭다는 아이에게 세상에 귀신은 없다고 설득하는 것보다 더 중요한 것은 곁에 있어 주는 것. 사람에겐 조용히 곁에 있어 주는 사람이 최고의 위로다.

049

오래된 나를 떠나보낼 수 있어야
새로운 나를 만날 수 있다.

"나는 원래 헬스 같은 거 싫어해. 뭔가를 반복하는 건 질색이라고!"

내가 늘 입에 달고 살았던 말이다. 헬스 기구의 힘을 빌려 반복해서 뛰고, 당기고, 미는 사람들을 이해하지 못했다. 밖에 나가서 바람 쐬며 운동하면 좋을 텐데 굳이 탁한 실내에서 운동할 건 뭐 있나 싶었다. 그런 나를 사위의 말 한마디가 바꾸어 놓았다.

"어머니! 나이 들수록 골밀도가 감소해서 골다공증이 생길 수 있어요. 근력이 없으면 글도 오래 못 쓰세요. 80세까지 글 쓰시려면 유산소 운동과 함께 헬스를 해야 해요."

아, 맞아! 80세까지 글을 써야지. 그날 저녁부터 헬스장으로 갔다. 막상 헬스를 해보니 은근히 재미가 났다. 아이스크림 골라 먹듯 기분에 따라 걷고, 타고, 당기다 보니 뭉쳤던 근육이 조금씩 풀어지는 것 같았다. 처음 며칠간은 온몸이 쑤셨고 몸살이 나기도 했지만, 몸이 가벼워지는 걸 느끼니 그까짓 거는 아무것도 아니란 생각이 들었다. 모든 변화에는 그만큼의 대가는 꼭 필요하지 않은가. 몸 따로, 마음 따로 노는 나이가 되고 보니 우선 몸에 물어보면서 운동하는 요령도 생겼다.

"10분 더 걸어도 돼?"
"이 기구의 무게 좀 더 올려도 될까?"
"한 번 더 해도 되겠지?"

나는 서서히 오래된 나와 이별하고 있었다. 몸도 마음도. 그동안 내가 헬스를 싫어한다고 생각했던 건 나와 맞지 않을 거라고 지레짐작하고 단정했던 거였다. 무엇이든지 해보기 전에는 모른다. 내가 뭘 좋아하고 싫어하는지 내게 맞는 건지 안 맞는 건지.

꿀벌은 공기역학적으로 보면 날 수 없는 구조지만 자꾸 날갯짓을 해서 잘 날 수 있게 되었다. '나는 원래 그런 거 싫어해.' '나는 원래 이런 사람이야.' 하며 단정 짓는 순간, 그 자리에서 성장이 멈춘다. 분재처럼. 원래부터 그런 사람은 없다. 조지 버나드 쇼가 인생이란 나를 발견해내는 게 아니라 창조해가는 과정이라고 했듯이 오래된 나로부터 과감히 떠나야 새로운 나를 만날 수 있다.

나는 오늘도 내 안으로 숨지 않고 새로운 나를 창조하는 연습을 한다. '나이 먹으면 배운 사람이나 안 배운 사람이나 다 똑같아져.'라며 나이 뒤로 숨지 않기, '아줌마는 원래 다 그래.' 하며 뻔뻔한 아줌마 탈 쓰고 숨지 않기, '원래 결혼 생활 오래 하면 다 똑같아지는 거야.' 하며 결혼 생활의 나태함에 숨지 않기. '뭘 그렇게 배우려고 애써. 그만하면 됐어.' 하며 배우는 것에 게으름 피우지 않기…. 나는 매일 젊어지고 있다.

"모든 것에는 금이 가 있다.
빛은 그 틈에서 들어온다."

남편은 가끔 나를 '김허당 여사'라 부른다. 계산할 줄 모르고, 깜빡깜빡하는 데다 엉뚱해서 틈이 많다고. 예전 같으면 "나를 뭐로 보는 거냐?"며 따졌겠지만 "그래, 나 김허당 여사다. 인정!" 하며 웃어넘긴다.

빈틈없는 사람이 멋져 보이던 때가 있었다. 그런 사람 옆에 있으면 '나는 왜 이렇게 야무지지 못하고 만날 이 모양이지' 하며 우울해했던 적이 많았다. 빈틈을 보이면 안 된다. 그래야 남에게 인정받고 성공한다는 생각이 오래전부터 내 마음속에 자리 잡고 있었던 것 같다.

어느 날이던가. 장난삼아 왼손으로 글씨를 써봤다. '행복이란 게 뭐지'라고 쓰는데 동그라미는 찌그러지고 선은 삐뚤빼뚤, 마치 유아원 아이가 그린 그림 같았다. 오오, 정감 있네! 정감이 있는 글씨를 쓴 왼손이 말하는 것 같았다. 이제 너무 완벽해지려고 애쓰지 말라고. 틈을 보이지 않으려고 애쓰면 애쓸수록 행동은 딱딱해지고 마음도 굳어가는 거라고. 기타 줄처럼 팽팽하던 마음이 손뜨개의 코처럼 호로록, 풀리는 느낌이었다.

음유시인 레너드 코헨은 "모든 것에는 금이 가 있다. 빛은 그 틈에서 들어온다."고 했다. 나는 뭐든지 틈이 좀 있는 게 좋다. 머리카락 한 올 흐트러짐이 없는 사람보다 자연스럽게 삐쳐 나온 사람이, 풀 먹여 빳빳하게 다린 옷보다 구깃구깃 구김이 간 옷이, 짙은 향기보다 있는 듯 없는 듯 은은한 향기가, 또렷하게 보이는 것보다 아련하게 보이는 게, 빡빡하게 계획 세워 가는 여행보다 훌쩍 떠나 길을 잃는 여행이, 곧게 뻗은 길보다 구불구불 돌아가는 길이….

   틈은 메워야 할 그 무엇이 아니라 여유 공간이다. 땅이 너무 딱딱하면 빗물이 스미지 못해 웅덩이가 되기 쉽다. 아스팔트의 깨어진 틈으로 고개를 내밀고 있는 풀 한 포기도 틈이 있어서 싹을 틔운다. 우리는 틈을 메워야 할 공간이라고 생각하기 때문에 사는 게 더 고달프고 여유 없어지는 건 아닐까. 비즈니스에 '틈새 전략'이라는 말이 있는 것처럼 삶에도 약간의 틈을 허용하는 전략이 필요하다. 그 틈 사이로 여유라는 빛이 들어오기 때문이다. 깊어가는 겨울, 벌어진 마음의 틈 사이로 찬바람이 들어온다. 그대로 놔둬야겠다. 볕뉘와 바람이 자유롭게 드나들도록.

바쁠 망忙.
너무 바쁘면 마음이 죽는다.
때로는 느리게 사는 연습이 필요하다.

'13, 12, 11, 10, 9…'

카운트다운 하듯 신호등의 숫자가 줄어든다. 사람들은 우르르 건널목 중간쯤을 지나고 있다. 건널까 말까? 나는 다음 신호를 기다리기로 한다. 예전 같으면 후다닥 뛰어서 건너갔겠지만, 요즘 나는 바쁘지 않게, 조급하지 않게 사는 연습 중이다. 연습하면 할수록 조금 느긋해지는 느낌이다.

바쁠 망忙을 한자로 써보면 마음心 옆에 죽음을 의미하는 망亡 자가 함께 쓰인다. 너무 바쁘면 마음이 죽어버린다는 뜻이다. 마음이 죽는다는 것은 곧 여유 없는 삶, 행복하지 않은 삶이란 뜻일 게다. 바쁠수록 돌아가라는 말이 있듯 바쁠수록 잠시 멈춰 서서 숨을 고를 시간이 필요하다. 그래야 내가 어디에 있는지, 내 길을 잘 가고 있는지 보인다. 그러지 않으면 경주마 같은 삶을 살게 될지도 모른다. 경주마는 오직 결승점을 향해 앞만 보고 달리도록 조련되어 있다. 다른 말들의 거친 호흡 소리나 사람들의 함성도 듣지 못한다. 경기 도중에 다리가 골절되거나 큰 상처를 입어도 스피드를 줄이지 못해 다시는 경주로에 서지 못하는 운명을 맞기도 한다. 사람이 앞만 보고 달리는 경주마 같아서야 되겠는가. 사람은 여유롭고 행복한 삶을 추구하는 존재다. 바쁜 일보다는 중요한 일을 먼저 하고, 하기 좋은 일보다 하기 싫은 일을 먼저 해결하면서 시간과 추격전을 벌이는 일을 피해야 여유가 생긴다.

    시간을 낭비하지 마라, 빈둥거리지 마라, 바쁘게 살아야 한다는 교육은 우리 같은 중년 세대에서 끝내야 한다. 이제는 바쁘다, 는 말에 저항해야 한다. 예전에는 먹고살기 힘들어서 오로지 바쁘게 일하는 것을 최고의 가치로 여겼지만, 이제는 정신적인 충만함을 채워야 할 때다. 바쁘게 살수록 정신은 황폐해진다. 느긋하게 사는 습관을 들이기 위해 애쓰다가도 가끔은 '빨리빨리 병'이 도져 혼란스러울 때도 있지만, 그럴 때 나는 오늘 하루만이라도 바쁘게 살지 말자고 마음먹는다. 바쁘게 사는 것보다 넋 놓는 시간이 더 중요한 세상으로 가고 있다. 좋은 징조다.

/

052

인연이 있는 것들은
절대 사라지지 않는다.

지갑을 잃어버린 적이 있다. 벼르고 별러서 산 지갑이라 애지중지했고, 손에 착 감기는 맛이 좋아서 쓸수록 애정이 가는 지갑이었다. 게다가 현금과 상품권이 꽉 차게 들어 있던 지갑이어서 자다가도 이불을 박차고 일어나기도 했다. 아, 내 지갑! 그러다 문득 이런다고 나한테 뭐가 도움될까, 하는 생각이 들었다. 생각을 바꿨다. 인연이 다해 나를 떠난 것이니 연연해 하지 말자고. 그랬더니 오히려 내가 갖고 있던 나쁜 운을 지갑이 다 가져갔다는 생각이 들었다.

살다 보면 아무리 애를 써도 나를 떠나는 것들이 있고, 의도하지 않아도 내 것이 되는 때가 있다. 나는 이것을 인연이라고 믿는다. '인연'이라는 말의 사전적 의미는 '사람들 사이에 맺어지는 관계', '어떤 사물과 관계되는 연줄', '일의 내력 또는 이유'를 말한다. 어떤 결과를 만들어내는 직접적인 원인인 인(因)과 결과를 만들어내는 간접적인 원인인 연(緣)이 합쳐진 말이다. 그렇다면 나라는 존재는 세상에 태어나는 순간, 여러 가지의 연으로 이루어졌다는 의미가 된다. 잠깐 머물다 갈 수도 있고 오래 내 곁에 머무는 것도 있을 것이다. 잊지 말아야 할 것은 세상에 나와 똑같은 사람은 단 한 명도 없으니 내 인연은 나에게만 어울린다는 것이다. 남과 비교할 필요가 없다. 내가 원하는 것이 내 것이 되지 않을까 봐 안달할 필요도 내 곁에 있는 게 나에게서 떠날까 봐 불안해할 필요도 없다. 인연이 있으면 내 것이 될 것이고 인연이 다하면 나를 떠날 것이다. 사람이든 물건이든 내 곁을 떠난 건 인연이 다한 거다.

'인연론'은 결정 장애 처방에도 유효하다. 마우스나 손가락 하나로 터치만 하면 원하는 걸 얻을 수 있는 세상이 되다 보니 그 어떤 선택을 하든 100% 만족을 못 한다. 더 좋은 게 있는데 괜히 이걸 선택했나, 이것보다 더 싼 게 있는 건 아니었을까 하면서. 선택한 것에 대해 자신 없을 때 인연이 있어서 내게 왔구나, 생각하면 마음 편해진다. 또 내 곁에 있는 것, 내가 누리고 있는 것들을 잃게 될까 봐 불안할 때, '인연'이라는 말을 떠올려보면 좋겠다. 사람이든 물건이든 인연이 다한 것들은 사라지지만, 그렇지 않은 것들은 내 곁에 오래 꼭 붙어 있어 줄 테니까.

/
053

아줌마라고 다 불룩한 아랫배,
드럼통 허리일까.
나도 잘록한 개미허리를 꿈꾼다.

아주 가끔, 내 자존감이 바닥을 치는 것 같은 날이 있다. 이런 날은 허리선이 잘 드러나는 원피스에 하이힐을 신고 외출을 한다. 그러면 잔뜩 웅크리고 있던 어깨가 펴지면서 고개도 저절로 빳빳해진다. 우울했던 마음이 금세 밝아지고, 껌딱지처럼 바닥에 붙어 있던 자존감도 덩달아 꼿꼿해지는 것 같다. 동시에 이 나이에 이 정도면 괜찮지 뭐! 하는 자신감도 생긴다. 역시 스타일은 자신감에서 나오고, 자신감은 자존감을 높여준다.

코코 샤넬이 말했다. "마흔이 넘으면 그 누구도 젊지 않지만, 매력적일 수는 있다."고. 맞다. 그 사람의 스타일은 자신만의 개성이 세월과 함께 쌓여야 비로소 매력으로 나타난다. 배우 김성령이나 쥴리에트 비노슈가 젊었을 때보다 더 우아하고 매력적인 것만 봐도 그렇다. 젊은 배우가 예쁘긴 해도 매력적이라고 하기엔 뭔가 부족해 보이는 것도 자기만의 스타일이 보이지 않기 때문이다.

나는 결혼과 동시에 절대로 뚱뚱하고 몸매 없는, 그냥 아줌마로 나이 들지 않겠다고 다짐했다. 아줌마가 되었어도 아줌마 같지 않은, 스타일 있는 여자로 늙어가고 싶었다. 젊었을 때는 내 스타일이 뭔지 잘 몰라서 뭔가 어색하고 어정쩡했지만, 나이 들어가면서 내 스타일을 찾아갔다. 지금 나 자신이 100% 마음에 드는 건 아니지만, 이 정도면 젊었을 때보다 훨씬 더 매력적이라고 생각한다. 스타일을 살리기 위해 내가 제일 신경 쓰는 부분은 몸무게와 허리선 살리기였다. 이 두 가지를 사수하지 못하면 입고 싶은 옷도 못 입고 스타일도 제대로 살릴 수 없으니까.

마음이 예뻐야 얼굴도 예쁘다는 말은 곧 마음속에 자신감이 있다는 말이다. 그 자신감 안에는 내 몸을 객관적인 시선으로 분석해서 약점을 장점으로 바꾸는 지혜, 삶에 대한 열정, 아름다움에 대한 나름의 이해가 다 들어 있다. 거기에다 통찰을 통해 마음도 가꾼다면 금상첨화일 것이다. 나는 할머니가 되어도 스타일 있는 할머니, 엣지 있는 할머니로 늙어가고 싶다. 다른 건 다 늙어가도 자신감과 몸무게, 허리선만은 사라지지 않았으면 좋겠다.

/
054

버리면 보이고, 보이면 잘 쓴다.
최소한의 정리 정돈을 위해
오늘은 팔을 걷어붙였다.

주부라고 매일 때 빼고 광내면서 깔끔하게 사는 건 아니다. 나는 덜렁대는 성격에다 정리하는 건 영 젬병이어서 남편은 늘 뭔가를 찾으려면 없다고 툴툴댄다. 남편이 이럴 때마다 살림을 어떻게 하는 거냐는 비난으로 들려서 나는 매번 자존심이 상한다. 결단이 필요했다. 정리 컨설턴트로 활동하는 지인의 도움을 받아 모처럼 정리에 들어갔다.

지인은 수납 상자를 이용해 비슷한 것끼리 그룹핑해서 한 공간에 두고, 옷은 최대한 옷걸이에 걸거나 접어서 세로로 보관하며, 옷장이나 서랍은 열었을 때 한눈에 들어오게 하라고 했다. 물건도 자주 쓰는 것, 보관해야 하는 것, 버릴 것으로 분류하고 나서 필요 없는 건 과감하게 버리고 났더니 새로운 공간이 생겼다. 그동안 공간을 채우느라 공간을 잃어버렸던 거다. 채우기는 쉬웠던 것 같은데 쓰던 물건에 정을 떼기는 왜 그렇게 힘들던지. 다시는 채우는 데 급급하지 말아야겠다는 생각이 들었다. 무엇보다 중요한 건 버려야 보이고, 보여야 잘 쓰게 된다는 것이다. 아까워서 못 버리고 그냥 놔두었던 것들이 정작 써야 할 것을 가려서 못 쓰게 하고 있었다. 정리하다 보니 어디에 있는지 몰라서 못 쓰고 있던 물건들이 '나, 여기 있어요.' 하는 듯

빼꼼히 얼굴을 내밀었다. 나도 답해줬다.
 '반가워, 이제부터는 잘 쓸게.'
 삶이 힘들다면 주변 정리부터 하라는 말이 괜한 말이 아니다. 내 머릿속이 그렇게 복잡했던 건 아마도 정리하지 못하고 있던 것들 때문이었는지도 모르겠다. 집 안이 정갈하게 정리되니까 치우고 찾느라 허비했던 시간을 다시 찾은 것만 같다. 살림하는 것도 쉬워졌고, 마치 새집에 이사 온 듯 마음도 덩달아 환해진다. 뭘 찾으면 없다고 불평하던 남편의 푸념도 듣지 않아도 되니 만성 두통이 다 사라진 것만 같다. 낯설고도 익숙한 느낌, 익숙하면서도 낯선 느낌이 마냥 좋다. 내친김에 마음 정리, 인맥 정리도 좀 해야겠다. 불필요한 감정들이 쌓여서 정말 중요한 걸 잊고 있지는 않은지, 소중한 사람이 그렇지 않은 사람에 가려져 보이지 않는 건 아닌지.

참 이상하다.
내가 고요해지니
세상도 고요하다.

아주 오랜만에 엄마들 모임에 갔다. 모두 오랜만이라고 반가워했지만 나는 그리 즐겁지 않았다. 엄마들의 큰 목소리, 그릇 부딪치는 소리, 문 여닫는 소리가 음식점인지 시장통인지 분간할 수 없을 만큼 소란스러웠다. 조용하게 있는 것도 습관이 되어 버렸는지, 어느새 사람들이 많은 곳에 가거나 큰 목소리로 떠드는 사람이 있으면 사람멀미가 난다. 밥을 먹는 둥 마는 둥 하고 얼른 집으로 왔다. 눈과 귀를 쉬고 싶었다. 현관문을 여는 순간 아, 하는 안도의 한숨이 나왔다. 마치 클래식 공연에서 연주가 끝나고 박수 치기 전의 아주 짧은 찰나 같은 고요가 집 안을 감싸고 있었다. 내 숨소리, 심장에 피 도는 소리까지 들리는 것 같았다.

참 이상했다. 내가 고요 속으로 들어오니 세상 만물이 다 고요 속에 빠져든 것만 같았다. 내가 바쁠 때는 컨베이어 벨트처럼 정신없이 돌아가는 것 같던 세상이 원래 이렇게 조용한 거였나? 밖에 두던 시선을 내 안으로 돌려놓고 보니 세상이 정신없이 돌아갔던 게 아니라 내가 정신없이 살았던 거라는 걸 알겠다. 정신없이 살 때는 바람결에 묻어오는 꽃향기, 가슴을 설레게 하는 풍경을 보지 못했다. 고요 속에 있어 보니 평소에 보이지 않던 것들이, 뭐가 중요하고 뭐가 중요하지 않은지 보인다.

〈달팽이의 별〉이라는 다큐멘터리 영화가 있다. 달팽이처럼 촉각에만 의지해 사는 시청각 중복장애인 남편과 척추장애 아내가 나온다. 두 사람은 손을 포개고 손가락을 톡톡 치면서 대화를 나누는데 그 모습이 눈물겹게 아름답다.

그들은 말한다. 가장 귀한 것을 보기 위해 잠시 눈을 감고 있는 거고, 가장 참된 것을 듣기 위해 잠시 귀를 닫고 있는 거라고.

우리는 너무 많은 말을 듣고, 너무 많은 것을 보기에 행복 촉수가 마비되어 버린 건 아닐까. 노트북을 부팅시키고 파일을 열어 글을 쓰는 이 시간, 달팽이 촉수처럼 행복 촉수가 예민해진다. 내 머릿속에도 반짝, 별이 뜨는 것 같다.

고요에 말 한번 걸고 싶어진다. 고요야, 내게서 도망가지 마!

'나중에', '다음에'가 아니라
'카르 페 디엠carpediem'
해야 하는 시대다.

행복이 저절로 찾아오는 줄 알던 때가 있었다. 열심히 공부하면, 좋은 회사에 취직하면, 좋은 사람을 만나 결혼하면 행복이라는 복덩어리가 뚝 떨어질 줄 알았다. 막상 살아보니 취직이 안 되면 어쩌나 하는 막막함, 이 남자가 최선인가 하는 선택의 두려움, 그냥 아줌마로 늙으면 어쩌나 하는 조바심을 견뎌내야 비로소 얻어지는 게 행복이라는 거였다.

행복은 셀프다. 나는 행복은 셀프라는 걸 깨닫고부터 조금 더 행복해진 것 같다. 남이 정해놓은 기준이 아니라 내가 만든 내비게이션을 따라가다 보니 아무것도 아닌 평범한 일상 속에서도 수시로 행복감을 느낀다. 가족이 먹을 음식을 준비하기 위해 장을 보는 시간, 내 작은 몸을 환하게 비춰주는 눈부신 햇살과 바람, 산책길에 만나는 이름 모를 들꽃, 숨이 턱에 닿도록 헐떡거리며 올라간 산 정상에 불어오는 산바람, 기다리지 않았는데 바로 내 앞에 선 662번 버스, 내가 앉는 자리만 오롯이 비어 있는 단골 카페의 구석진 자리….

종종 행복을 위해 달려왔는데 막상 와보니 행복하지 않다고 푸념하는 말을 듣는다. 아이를 낳으면 행복하겠지, 집을 사고 나면 행복하겠지, 아이들 다 키우고 나면 행복하겠지 하고 달려왔는데 막상 다 하고 나니 이게 뭔가, 우울하다고. 내 친구도 말했다.

"이쯤에서 죽어도 좋겠다는 생각이 들어!"

남편 없이 두 아들 잘 키웠으니 이제 누리고 살겠구나 싶었던 친구에게서 나온 말이라 깜짝 놀랐다. 아이들도 다 크고 나니 더는 존재할 이유가 없는 것 같아서라고 했다. 행복을 저당 잡히고 미래나 목표에만 매여 삶을 즐기지 못했기 때문은 아닐까. '미래를 위해' 어느 정도 현재의 즐거움을 포기할 필요도 있지만 '미래만을 위해' 너무 많은 걸 미루고 있지 않은지 돌아봐야 한다. 먹고사는 것에 급급했던 시절에는 어쩔 수 없었지만, 지금은 '나중에', '다음에'가 아니라 '카르 페 디엠^{carpediem}' 해야 하는 시대다.

/
057

누구나 가슴속에
바다를 품고 산다.

오십 고개를 막 넘던 이른 봄, 혼자 떠나는 여행을 감행했다. '감행'이란 오로지 나 자신만 생각하고 떠났다는 말이다.

'혼자서 무섭지 않을까?'

'외롭지 않을까?'

떠나지 못할 이유를 대자면 백한 가지도 넘었지만 생각하지 않기로 했다. 여자 혼자 위험하게 어딜 가냐고 걱정하는 가족들의 말도 문제되지 않을 만큼 절실했으니까. 오십이라는 고개가 나에게는 그 어떤 나이보다 넘기 힘든 깔딱 고개였다. 뭔가 큰 결단을 내리지 않으면 내 인생이 시시하게 끝날지도 모른다는 절망감이 들었다. 무조건 떠나보자고 마음먹은 곳이 제주도였다.

혼자 내린 제주 공항은 몇 번 와봤던 제주가 아니었다. 게스트하우스를 향해 가는 택시는 눈부시게 푸른 하늘을 이고 있는 야자수 길을 지나 해안도로를 달렸다. 혼자라는 두려움은 어느새 바다 저 멀리 날아가 버리고 오로지 낯선 곳에 대한 설렘만 가득 찼다. 무조건 떠나오면 되는 것을 나는 왜 그렇게 마음속으로만 떠나고 싶다, 떠나고 싶다 외치며 살았던 걸까.

연암 박지원이 요동 벌판을 본 순간 "아, 참 좋은 울음 터로다."라고 했다더니 나는 탁 트인 말 목장 앞에서 "나는 이제 자유다!"를 외쳤다. 그때 내가 외쳤던 자유란 '자기 존재 이유'라는 말이 아니었을까. 남이 아닌 나를 위한 인생을 살고 싶다는 무의식에서 나온 외침. 그 외침이 글쓰기라는 천직, 나의 바다를 발견하게 했다. 그 바다가 내게로 왔다.

사람은 누구나 자기만의 바다가 있다. 그 바다를 발견하고 싶다면 혼자 떠나보라고 말하고 싶다. 멀리 떠나지 않아도 된다. 가까운 곳이라도 좋은 풍경, 좋은 곳, 혼자일 수 있는 곳이면 괜찮다. 낯선 곳에 혼자 있을 때 비로소 내 안에 숨겨져 있던 또 다른 나를 만나게 되니까. 내 존재의 바다를 발견해내는 것은 오로지 나의 몫. 내가 찾아야 열린다. 나는 오십에 바다를 발견했지만, 어느 누군가는 나보다 더 일찍 아니면 더 늦게 발견할 수도 있다. 그것은 시기의 문제가 아니라 의지의 문제가 아닐까 싶다.

나의 바다는 지금 호수처럼 고요하고 풍요롭다. 언제 비바람이 몰아치고 거센 풍랑이 일지 모르지만 걱정하지 않는다. 내가 선택한 바다, 나만의 바다니까 순응하면서 헤쳐

나가면 된다. 나라는 존재의 바다는 풍랑을 걱정할 게 아니라 발견해내지 못할까 봐 두려워해야 할 대상이다.

오랜 시간 나조차 잊고 살았다.
삶에는 정답이 없다지만
나답게 사는 게 정답일 수 있다.

영화 〈사랑도 통역이 되나요?〉에 이런 대사가 나온다.

"I'm stuck. Does it get easier?

난 갇혀 있어요. 시간이 지나면 나아지나요?"

"Yes.. It gets easier. The more you know who you are and what you want... the less you'll have things upset you...

응, 나아져. 너 자신이 누군지, 뭘 원하는지 잘 알수록 널 힘들게 하는 것들이 줄어들 거야."

절정의 시기가 지난 중년의 배우 밥과 정체성이 혼란스러운 젊은 여자 샬롯이 호텔 바에서 우연히 만나 대화를 이어간다. 이 대사는 영화의 아주 작은 부분이지만 누구나 느끼는 삶의 혼란스러움이 그대로 담겨 있다. 젊으면 젊은 대로, 나이 들면 나이 드는 대로 혼란스러운 건 다 마찬가지다. 특히 밥의 말이 내 생각과 똑같아서 놀랐다. 나도 내가 뭘 원하는지, 어떻게 살고 싶은지 알고 나서부터 사는 게 훨씬 수월해졌으니까.

예전에 나는 남들이 근사하다고 말하는 것에 에너지를 쏟는 대외용 인생을 살았던 것 같다. 남들에게는 행복한 것처럼 보였을지 모르지만 난 늘 외롭고 허전했다. 어딘가에 근사한 삶이 있을 거라는 환상 속에 살았으니 당연

했다. '어딘가 근사한 삶'은 다름 아닌 '글쓰기'였다. 천신만고 끝에 글쓰기라는 나의 천직을 찾고부터 외롭고 허전한 마음이 사라졌다. 아마도 나는 나에게 맞는 일을 찾지 못해 그토록 삶의 언저리에서 서성였던 것 같다. 사람이 불행하다고 느끼는 건 자신에게 맞는 것을 찾지 못해 오는 것인지도 모른다. 내가 원하던 일을 찾아 "너 지금 행복하니?", "지금 마음이 어때?" 물어가며 나에게 집중하다 보니 내 가슴은 풍성해졌다. 특히 외출할 때 "넌 이 옷이 편하니? 신발은?" 하고 물으면 내가 편한 쪽으로 선택하게 된다. 남에게 잘 보이기 위해 불편한 옷을 입고 힘들어하거나 하이힐을 신고 오리처럼 뒤뚱거리지도 않는다. 남들 눈에 맞춰 힘들게 살다 소중한 내 인생을 그냥 허비하기는 정말 싫으니까.

　삶에 정답이 없다고 하지만 정답은 있다. 나답게 사는 것. 정답이 없다고 하는 건 나와 똑같은 삶이 없다는 뜻이다. 세상에 모든 것들은 결국 나에게서 나와야 행복하다. 나에 관한 탐구를 계속해야 하는 이유이기도 하다. 콜럼버스가 '지구는 둥글다'는 생각을 따라 항해를 계속해서 신대륙을 발견했듯 내 안에도 발견해내야 하는 신대륙이 있다. 나는 무한대의 가능성을 가진 존재라는 굳은 믿음을 갖고서 찾다 보면 제대로 된 나를 찾을 수 있다.

사는 게 어렵다고 느끼는 것은 남들처럼 살고 있지 않다고 생각하기 때문이다. 비교하니까 늘 부족한 것 같고, 뭔가 허전하고, 초라하게 느껴진다. 나는 나. 남이 아니라 나에게 집중하며 살다 보면 사는 게 조금은 만만해질 것이다.

나이 든다는 것은 자기 발견을 위해 떠나는 여정이다. 젊었을 때는 뭘 몰라서 남의 기준에 맞춰 살기 쉽지만 살아가면서 몰랐던 걸 알게 되고, 경험이 쌓이면 나를 발견해내기 쉬워진다. 나는 나이를 먹어가면서 나를 찾고 났더니 힘들게 지나온 모든 순간이 다 아름답게 보인다. 인간은 자기 자신으로부터 가장 먼 존재라던가. 나는 참 먼 길을 돌아온 것 같다. 나라는 신대륙을 발견해 나로 존재하는 일. 그것이 삶의 궁극적인 성공이 아닐까.

계절에서 배운다.
비우면 채워지고,
채워지면 비워야 하는
순간이 온다는 것을.

가을의 끝자락, 창밖의 나무들이 꽃보다 아름답게 물들었다. 나뭇잎 속의 엽록소가 분해되고, 새로 안토시안이 생성되고 있는가 보다. 마지막 생을 불태우는 나뭇잎들이 더욱 왕성하게 열기를 뿜어낸다. 단풍 드는 이유는 나무가 자신의 몸을 보호하기 위해서라지. 이럴 때 제일 많이 생각나는 시는 도종환의 '단풍드는 날'이다.

버려야 할 것이
무엇인지 아는 순간부터
나무는 가장 아름답게 불탄다.

제 삶의 이유였던 것
제 몸의 전부였던 것
아낌없이 버리기로 결심하면서
나무는 생의 절정에 선다.

방하착放下着
제가 키워온,
그러나 이제는 무거워진

제 몸 하나씩 내려놓으면서

가장 황홀한 빛깔로
우리도 물이 드는 날

시를 생각하다 창밖을 보니 나뭇잎 하나가 빙그르르 돌다 땅바닥으로 떨어진다. 마치 '방하, 방하, 방하착, 놓아버려라, 놓아버려라, 놓아버려라!' 외치는 것만 같다.

기다리지 않아도 오고, 기다려도 때가 돼야 오는 계절에서 배운다. 세상사 모든 일에는 반드시 때가 있는 법. 그러니 조급해하지도 말고, 그렇다고 너무 느긋하게 있지도 말아야 한다는 것을. 비우면 채워지고 채워지면 비워야 하는 순간이 온다는 것을.

/

목숨 걸고 하는 일과
아이고, 죽겠다며 하는 일

일본에는 대를 이어서 운영하는 음식점들이 참 많다. 얼마 전 히로시마로 여행을 갔는데 우연히 들어간 스테이크 집은 60년 전통을 지닌 곳이었다. 아버지가 운영하던 것을 물려받아서 아들이 하고 있었는데 그 아들도 나이가 지긋해 보였다. 고기를 직접 나무망치로 자근자근 두들겨서 만든 스테이크는 적당히 씹는 맛에 고기의 풍미가 그대로 살아 있었다. 얼마나 맛이 있던지 눈물이 다 날 지경이었다. 눈물은 음식이 맛있을 때도 나는 거라는 걸 그때 처음 알았다. 그냥 지나가다가 만난 찐빵집도 85년이나 된 곳이었다. 줄 서서 기다리다 겨우 맛을 봤는데 찐빵 속의 팥이 파근파근한 게 아주 부드럽고 구수했다. 어렸을 때 엄마가 농사를 지어 삶아준 맛이었다. 그때 문득 궁금해졌다. 도대체 일본 사람들의 장인정신은 어디에서 나오는 것일까?

일본 사람들은 평소에 "목숨을 건다."는 말을 자주 한다고 한다. 아하! 그래서였구나. 끙끙 앓고 있던 수학 문제 하나가 스사삭 풀리는 느낌이었다. 우리나라 사람들은 무슨 일을 하든 습관적으로 "아이고, 죽겠다."는 말을 하는데 일본 사람들은 "목숨을 건다."고 한다니. "목숨 건다."고 하면서 일하는 사람과 "아이고, 죽겠다."며 일하는 사람의 차이를 말해서 무엇할까. 나는 과연 한 번이라도 목숨을 걸고 해본 일이 있었던가? 어쭙잖은 글을 쓰면서도 머리가 아파 죽겠네, 허리가 아파 죽겠네, 글이 안 써져 죽겠네 하며 '죽겠네 시리즈'를 반복하곤 했는데….

어느 영화에선가 주인공이 했던 말이 생각난다.

"나는 주차요원으로 성공했어!"

남들이 하찮다고 느낄 수 있는 일일지라도 목숨 걸고 하지 않았다면 이렇게 당당하고 자신 있게 말할 수는 없었을 것이다. 지금 이 순간부터라도 목숨 걸고 책을 읽고, 목숨 걸고 글을 쓰고, 목숨 걸고 생각도 많이 해야지 싶다. 그래야 내 삶의 마지막 순간에 미소를 지을 수 있을 테니까.

제일 견딜 수 없는 건
나만의 커피 타임을
잃은 것이다.

남편이 퇴직한 후, 겉으로는 달라진 게 없는데 심적으로는 너무 많은 게 달라졌다. 집 안에 남편이 있으니 청소를 해도 말끔해진 것 같지 않고, 온종일 동동거리며 치워도 치운 티가 안 난다. 퇴직 전에는 남편이 TV를 보고 있으면 쉬고 있다고 생각했는데, 지금은 하릴없이 시간만 흘려보내고 있는 것처럼 느껴진다. 이제는 남편 손에 들려 있는 리모컨을 뺏어 내가 좋아하는 드라마를 볼 수도 없고, 청소기를 돌리고 있는데 TV만 본다고 청소기로 정강이를 탁탁 치기도 좀 그렇다. 돈 안 벌어와 구박한다고 생각할까 봐.
　제일 견딜 수 없는 건 잃어버린 나만의 커피 타임이다. 식구들 다 나가고 나면 청소를 끝낸 후에 식탁에 앉아 정갈해진 집 안을 둘러보며 마시던 커피! 그 맛으로 산다고 할 만큼 내게 그 무엇보다 풍요로움을 안겨주던 시간인데…. 어머님과 함께 살다 돌아가시고 나니 집 안 청소 후 마시는 커피 타임이 그렇게 행복할 수가 없었다. 그런데 그 행복한 시간을 즐길 수 있게 된 지 몇 년 되지 않아 다시 잃어버리고 말았다. 커피 한 잔을 들고 식탁에 앉으면 제일 먼저 나무가 있는 풍경이 들어왔는데 이제는 TV를 보고 있는 남편 모습이 보인다. 그러니 짜증이 날 수밖에. 내가 괜스레 짜증 내는 이유를 남편은 알려나 몰라.

그렇다고 가만있을 내가 아니지. 어느 날 아침부터 커피 한 잔을 들고 베란다로 나갔다. 베란다 정원에 있는 행운목, 로즈메리, 산호수, 아이비에게 말을 걸며 그 자리에 앉았다.

"그래, 너희들이 있었구나! 잘 있었어? 오랜만이야."

로즈메리 잎새들을 손으로 쓸어주면서 커피 한 모금 마시고, 산호수의 잎새 하나 만져주면서 커피 한 모금 마시고…. 그렇게 모닝커피 타임을 즐겼다. 옳거니! 역시 사람은 변화에 적응하는 최고의 동물임에는 틀림이 없는 것 같다. 커피 맛, 좋다. 기분도 괜찮고!

/
062

살림하는 여자들은 말한다.
주부의 행복은 바로
여기서 시작된다고.

며칠간 여행을 다녀왔더니 집 안이 엉망이다. 옷가지와 수건이 아무렇게나 널려 있는 거실, 음식을 먹고 대충 행주질한 자국이 선명한 식탁, 밥풀이 말라비틀어진 그릇들이 가득한 싱크대, 달리의 '늘어진 시계' 그림처럼 바구니에 널려 있는 빨랫감들…. 여행지에서 돌아올 때마다 나는 생각한다. 우리 집에 우렁각시가 살았으면 좋겠다고.

괜스레 마음이 바빠져서 우당탕 집 안을 치우기 시작한다. 싱크대에 담겨 있는 그릇들을 닦고, 빨랫감을 구분해 세탁기에 넣고, 청소기를 돌리고 쌀을 씻어 밥을 안친다. '이놈의 밥, 안 먹고 살 수는 없나?' 하고 구시렁거리면서. 밥과 따뜻한 국을 끓여 남편과 아들에게 주었다. 후루룩, 찹찹, 추르릅… 참 맛있게도 먹는다. 전기밥통처럼 매일매일 밥하는 게 지겨웠는데 어라? 이 모습을 보고 있자니 가족이라는 게 그동안 내가 순간순간을 견디며 얻어낸 훌륭한 결과물인 것 같아 흐뭇해진다.

젊었을 때는 왜 하필 여자로 태어나서 나만 희생해야 하는지 억울하기만 했다. 나는 없고 아내, 엄마, 며느리, 올케, 동서, 심지어 조카며느리의 역할까지 해내느라 죽을 맛이었다. 지금 와서 생각해보니, 그건 희생이 아니었다. 희생이란 내가 원치 않는 것을 위해 원하던 것을 포기한다는 뜻인데 나는 결혼을 원했고 남편 닮은 아이 낳아 키우고 싶었다. 나는 꿈을 포기했다고 생각했는데 포기한 게 아니라 잠시 유예했던 것뿐이었다. 희생한다고 생각했던 것들이 결과적으로는 그 누구도 아닌 나의 행복을 위한 일이었다.

가족이 없었다면 내가 그 어떤 큰 성공을 거두었다고 해도 지금처럼 행복했을 것 같지 않다. 원하는 걸 얻으려면 그만한 대가를 지급해야 하는 법. 때로는 내팽개쳐 버리고 싶을 만큼 힘든 게 집안일이지만, 나의 수고로 우리 가족이 행복하게 살고 있으니 무엇이 더 필요할까. 나는 햇살 같은 부드러움과 감수성 주체로서의 여성성을 다 잃었다고 생각하는 순간, 정말 쓸모없는 여자가 되었다고 생각할 것 같다. 나만 그런가?

/
063

등은 거짓말을 하지 못한다.
내 등은 어떤 모습일까?

사위의 배웅을 받으며 집으로 오던 늦은 밤 지하철역. 개찰구 앞에서 작별 인사를 나눈 뒤 한참 역사를 걸어와 이젠 갔겠지, 하며 뒤를 돌아봤다. 사위는 개찰구 밖 그 자리에 장승처럼 서서 연신 허리를 굽히며 손을 흔들고 있었다. 작별 인사를 나누고 나면 바로 등을 보이며 자리를 뜨게 마련인데, 내 뒷모습을 계속 바라봐주고 있었다니! 순간, 마음이 따뜻해져 왔다. 딸의 첫아이 유산으로 얼음을 집어삼킨 것 같던 마음에 다시 온기가 돌았다. 어떤 사람의 뒷모습이 보이면 그 사람을 사랑하는 거라던가? 사위가 내 딸을 얼마나 사랑하는지, 내가 사위에게 얼마나 존중받고 있는지 느껴졌다.

사위의 따뜻한 배웅에서 많은 생각이 번져갔다. 나는 누군가의 뒷모습을 이렇게 오래 봐주었던 적이 있었나? 나의 뒷모습을 이렇게 오래 봐주던 사람이 과연 누구였을까? 연애 시절 남편이 그랬던가? 사위가 바라본 나의 뒷모습은 과연 어떤 모습이었을까? 혹시 욕심 많고 인색해 보이는 중년 아줌마의 모습은 아니었을까? 프랑스의 작가 미셸 트루니에의 말이 생각났다.

"등은 거짓말할 줄 모른다. 너그럽고 솔직하고 용기 있는 사람이 내게 왔다가 돌아서서 가는 모습을 보면서 나는 그것이 겉모습에 불과했음을 얼마나 여러 번 보았던가? 돌아선 그의 등이 그의 인색함, 이중성, 비열함을 역력히 말해주고 있었으니!"

민망했다. 내 뒷모습이 결코 아름다워 보이지 않았을 것만 같아서. 얼굴에 화장을 하고, 수시로 표정 관리를 하면서 앞모습만 신경 썼지 안 보이는 뒷모습에는 소홀했던 것 같다. 등 뒤에 수많은 핀 시침이 꽂혀 있는 백화점의 화려한 마네킹과 내가 무엇이 다를까. 지금 이 순간의 내 생각과 행동이 등골에 스며들 걸 생각하니 글 쓰느라 잔뜩 구부리고 있던 허리가 저절로 쭉 펴진다. 앞으로의 내 뒷모습은 너그럽고, 정직하며, 소박해 보였으면 좋겠다.

/
064

삶이 이벤트가 되는 순간

"인생 뭐 별거 있어. 사는 건 다 똑같아."
"그날 그날 그냥 사는 거지 뭐, 특별한 날 있어?"
"사람 사는 건 다 거기서 거기야."

얼마나 사는 게 힘들고 지겨우면 저럴까 이해가 되다가도 어차피 사는 인생 왜 재미없게 사나 싶기도 하다. 때로는 위로가 될 때도 있지만 무기력하게 만들기도 하는 이런 말에 나는 동의할 수 없다. 인생은 내가 어떻게 만들어 가느냐에 따라 재미있거나 혹은 그저 그렇거나, 라고 생각하니까.

내 유전자 속에는 지루함을 못 참는 유전자가 있는지 똑같은 일상이 3일만 계속돼도 급 우울해진다. 그러니 뭐 재미있는 일 없을까 찾아보게 된다. 주위에 관심을 두는 것만으로도 뭔가 재미있어지는 것 같다. 매일 지나가는 골목길도 자세히 바라보며 걸으면 빛도 다르고 매일 다른 일들이 펼쳐진다. 담벼락에 쓰인 낙서도 어제 없던 것이 새로 생기기도 하고 새 화분이 창가에 놓인 집도 만난다. 사는 재미는 커다란 이벤트보다 사소한 일에 관심을 가질 때 더 많이 생긴다.

똑같은 일상도 누구나 하는 일도 조금만 생각을 바꾸면

이벤트가 될 수 있다. 이벤트의 어원은 라틴어 E-$^{out, 밖으로}$와 Venire $^{to\ come, 오다}$에서 왔다. 즉, 특별하게 발생하는 일을 말한다. 이벤트라고 해서 크고 거창한 게 아니라 작고 소소한 일상도 조금 특별하게 보내다 보면 다 이벤트다. TV의 음식 프로그램에 나오는 요리법을 나만의 요리 노트에 적어 놨다가 직접 만들어볼 수도 있고, 날이 좋거나 우울한 날에는 무작정 밖으로 나가 하늘을 올려다보며 걷기도 하고, 길을 가다가 꽃과 나무를 만나면 눈을 맞추고 이름을 불러 보는 것도 좋다. 또 가고 싶은 여행지의 사진을 모아 눈에 잘 띄는 곳에 붙여 놓고 꿈꾸어 본다거나, 어릴 적에 살았던 동네나 초등학교를 가보고 내가 얼마나 컸는지 확인해볼 수 있다면 분명 특별한 하루가 될 것이다. 삶이 특별해지는 순간은 생각을 바꾸고 행동에 옮겨보는 부지런함에 있다. 이벤트가 뭐 별건가.

/
065

리마인드 신혼여행을 떠났다.
첫 마음을 찾아오고 싶어서.

"우리 결혼기념일인데 어디 좀 갔다 올까?"
"그러지 뭐. 어디로 가지?"
"해운대 어때? 우리 신혼여행 갔던 데 다시 가보자."

일부러 차를 가지고 휴게소에서 우동도 사 먹으며 쉬엄쉬엄 해운대로 향했다. 해운대 조선 비치 호텔. 세월에 장사 없다더니 나이 든 건 우리 부부만이 아니었다. 해운대에서 제일 화려했던 이 호텔은 쭉쭉 빵빵한 초고층 신식 건물에 둘러싸여 있었고, 반짝반짝 빛나던 객실도 세월을 지나온 티가 역력했다. 남편 모습 또한 흰머리에, 깊은 주름이 생겨 후줄근해졌다.

그런데 막상 있다 보니 후줄근해 보이던 호텔방이 우리 집 안방처럼 편안했고 남편 또한 마냥 편안해서 좋았다. 세월을 견디고, 어려움을 함께 나눈 것들은 다 편안하고 특별하게 느껴지는 거였다. 제자리에서 자신의 모습을 지켜가는 것들은 다 아름답다.

그의 좋은 아내가 되고 싶었던 스물세 살. '첫 마음'을 잊고 살았다. 남편은 나와 가장 가까운 사이라는 이유만으로 늘 다른 가족에게 밀려나 있었다. 이제 둘만 남았으니 다시 좋은 아내가 되어 주기 참 좋은 기회라는 생각이 들었다.

수많은 내리막길과 오르막길을 오르내리며 돌고 돌다 돌아와 보니 늘 곁에 있는 사람이 가장 소중한 사람이라는 걸 깨닫게 된다. 부부가 됐던 시작점으로 돌아와 보니 부부가 함께 산다는 건 동그라미를 함께 그려가는 게 아닐까 하는 생각이 들었다. 동그라미는 처음 시작점으로 돌아와야 비로소 완성되는 거니까.

부부로 사는 일이 힘들다면, 뭔가 새로운 시그널이 필요하다고 느낀다면 신혼여행지로 떠나보면 어떨까. "그녀의 하얀 팔이 내 지평선의 전부였다."라는 막스 자콥의 시처럼 남편이 내 지평선의 전부라는 걸 깨닫게 될지도 모른다.

여행을 끝내고 돌아오는 날, 핑크빛으로 물들었던 해운대의 아침 해가 다홍빛으로 저물어 가고 있었다. 아침 해보다 더 고와 보였다. 우리는 서로의 눈빛에서 알 수 있었다. 가장 섹시한 남자는 아내를 사랑하는 남자, 가장 아름다운 아내는 남편을 사랑하는 아내라는 것을. 세상사 모든 것은 다 기다림과 인내의 시간이 있어야 비로소 빛나는 건가 보다.

/

066

우리는 누구도 어른이 되는 법을
배우지 못했다.

어른과 아이를 구별하는 기준은 뭘까? 진짜 어른이 되었다고 생각되는 때는? 우선 떠오르는 건 나이일 것이다. 투표권이 있고, 술도 마실 수 있고, 19금 영화를 볼 수 있는 나이. 그렇지만 나이 먹었다고 해서 다 어른이라고 할 수는 없다. 아이면서도 어른 같은 아이가 있고 어른이면서도 애 같은 어른도 있으니까.

글쓰기를 배우던 때, 내 글을 읽고 난 교수님이 말했다.

"울지 않는 아이가 있네요. 우세요. 그래야 글이 좋아져요."

울지 않는 아이라! 곰곰 생각해보니 난 일찍 어른이 된 아이였다. 원하는 게 있어도 엄마에게 한 번도 졸라 본 적 없고 억울한 일 있어도 혼자 삭였다. 언젠가 한 번은 엄마랑 시장에 갔다가 예쁜 운동화를 발견했다. 돈이 없는 걸 뻔히 알면서 엄마에게 사달라는 말은 못하고 그림일기를 썼다. 그 일기를 우연히 본 오빠가 쥐꼬리만 한 월급을 떼어 사다 준 적도 있었다.

어릴 때 흘려야 할 눈물을 흘리지 못해서일까. 나는 눈물이 참 많다. 시도 때도 없이 말하다가도 울컥, 뭔가를 생각하다가도 울컥, 음악을 듣다가도 울컥, 글을 쓰다가도 울컥, 책을 읽다가도 울컥하는 일이 많다. 열 살의 나와 쉰 살 후반 어른 모습이 혼재된 내 모습도 그리 나쁜 것 같지는 않다.

어른이 된다는 것은 삶의 변화에 잘 적응하고 성장할 수 있다는 뜻이다. 하지만 그 누구도 어른이 되는 법을 배우지 못했다. 어쩌면 어른이 되는 법은 누가 가르쳐주는 게 아니라 자습하는 것인지도 모른다. 나보다 나이 많은 사람들의 이야기를 들으며 살아보지 않은 나이를 미리 배울 수도 있고 책을 통해 간접적으로 배울 수도 있다. 나이 들어가면서 생기는 변화에 잘 적응하고 성장하지 않으면 '내면 아이'라 불리는 무의식에 사로잡혀 중년이 되어 위기에 빠질 수밖에 없다. 유년기에 만들어진 생존법이 더는 유효하지 않기 때문이다.

진정한 어른으로 성장하는 것이 무엇인지 어떤 식으로든 보고 배워야 한다. 그래야 자기 인생에 대한 책임을 온전히 지고 갈 수 있으니까. 그렇지 않으면 덩치만 큰 어린아이로 살 수밖에 없다. 호기심이나 아이 같은 순수함은 지켜가야겠지만 경제적 독립이나 정신적 독립이 우선돼야 진짜 어른으로 살 수 있다.

길고 긴 어른으로서의 시간.

만약 삶은 내가 만들어가는 거라는 걸 지금 깨닫고 있다면 이미 어른이 된 거다. 그러면 됐다.

/
067

부러우니까 사람이다.

세상은 부러운 일로 가득하다. 수려한 외모, 능력 있는 남편, 좋은 직장, 넓은 아파트, 명품가방…. 부러우면 지는 거라고 아무리 말해도, 부러운 건 부러운 거다. 사람이라면 누구나 자신이 갖지 못한 것을 가진 사람을 볼 때 느끼게 되는 감정이니까. 결혼 전에는 근사한 남자친구가 있는 사람이 부럽고 결혼하고 나면 애인 같은 남편과 사는 사람이 부럽다. 아기가 없을 때는 아기를 낳은 사람이 부럽고, 아기를 낳으면 유치원에 다니는 아이를 키우는 젊은 엄마가 부럽다. 또 아이가 어느 정도 크면 중고등학교에 다니는 아이를 둔 중년의 엄마가 부럽고 중년이 되면 자식을 결혼시킨 엄마가 부럽고, 자식을 결혼시키고 나면 손주를 데리고 다니는 할머니들이 부럽다. 부러움은 나잇대마다, 처한 환경에 따라 얼굴을 바꿔가며 따라온다.

내가 어렸을 때 우리 집 앞 친구네 집에서는 늘 피아노 소리가 났다. 노란 나비가 춤을 추는 것 같은 '엘리제를 위하여'나 '소녀의 기도'가 들리면 나는 친구네 집 담장 밑에 쪼그리고 앉아 피아노 소리를 들었다. 그때 친구네 집 격자무늬 창에서 흘러나오던 샹들리에의 주홍색 불빛. 30촉 백열등의 파리한 불빛이 새어나오는 우리 집 창과는 전혀 다른 세상이었다. 파마머리에 홈드레스를 날아갈 듯 입은 친구의 엄마와 쪽진 머리에 일복 차림인 우리 엄마는 같은 엄마지만 다른 세상 사람 같았다. 친구가 부러웠지만 그렇다고 우울하지 않았다. 왜였을까? 나는 그 친구가 부러울 때마다 생각했다.

'괜찮아. 나는 쟤보다 공부 잘하니까.'

나는 어쩌면 부러운 게 너무 많아서 어떻게 해야 하는지를 빨리 알아차렸던 것 같다. 부러울 땐 부러움을 인정하고 나에게로 돌아와 나는 어떤 좋은 점이 있는지를 생각해보면 그 감정은 금세 사라진다. 부럽지 않다고 부정하며 몸부림칠 게 아니라 인정하고 나면 편해진다. 다만 부러움이 왜곡된 건 아닌지 생각해볼 필요가 있다. 겉만 보고 부러워하다 보면 중요한 것을 놓칠 수 있기 때문이다.

공원을 산책하다가 미나리 순 같은 손자의 손을 잡고 산책하는 젊은 할머니를 봤다. 소나무를 손으로 가리키며 "저건 소나무라는 거야, 소. 나. 무!" 하며 나무 이름을 가르쳐주고 있었다. 나도 모르게 '아이고, 부러워라!' 하는 생각과 동시에 나도 손자 생기면 저렇게 예쁘게 키워야지, 하는 생각이 들었다. 딸에게 아이 낳아도 절대로 못 키워준다고 엄포를 놓을 때는 언제고! 내 책장에는 손자를 기다리며 산 책이 꽂혀 있다. 《초보 할머니 자습서》. 그 책을 보면서 나는 수시로 자습한다. 할머니가 될 그 날, 나의 부러움이 부러움으로 끝나는 게 아니라 현실이 될 날을 생각하면서.

068

근거 없는 자신감으로
나는 광대를 한껏
승천시키며 산다.

뉴욕 맨해튼의 새벽 공기를 가르며 택시 한 대가 달려오더니 티파니 상점 앞에 멈춘다. 한 여인이 택시에서 내린다. 왕비처럼 한껏 틀어 올린 머리에 검은 선글라스와 롱드레스, 헤어브로치와 진주 목걸이가 빛난다. 그녀는 우아하고 율동적인 걸음걸이로 티파니의 쇼윈도를 흥미로운 눈으로 바라본다.

영화 〈티파니에서 아침을〉의 오프닝 장면이다. 나는 이 장면의 오드리 헵번에게 반해 반복해서 보곤 했다. 그때마다 드는 생각은 이렇게 우아하고 예쁜 오드리 헵번에게도 콤플렉스가 있었을까, 하는 거였다. 알고 보니 오드리 헵번도 콤플렉스가 많았다. 삐쩍 마른 데다 얼굴은 각이 지고, 커다란 눈에 가슴까지 납작해서 아무도 자신을 아내로 삼고 싶지 않을 거로 생각했다. 하지만 그녀는 자신에게 맞는 일을 찾고 아름다운 미소와 성숙한 내면을 가꾸면서 세계적인 스타가 되었다. 완벽해 보이는 헵번에게도 콤플렉스가 있었다니 왠지 더 친근한 느낌이 들었다. 콤플렉스는 있느냐 없느냐의 문제가 아니라 어떻게 극복하느냐의 문제라는 걸 그녀에게서 배우게 된다.

나의 콤플렉스는 툭 튀어나온 광대뼈였다. 얼굴은 큰 데다 광대뼈까지 튀어나와서 내 나이보다 훨씬 나이 들어 보이는 게 싫었다. 게다가 '광대뼈가 튀어나온 여자는 팔자가 세다'거나 '과부상'이라는 속설이 늘 마음을 짓눌렀다. 결혼 전에는 좋은 남자 못 만날까 봐, 혹시 만났더라도 시부모 될 사람이 팔자가 세 보인다고 반대할까 봐 의기소침했다. 결혼 후에도 혹시 결혼 생활이 평탄하지 않을까 봐 걱정했다. 어느 날 가만 생각해보니, 옛날에는 여자들이 사회 활동을 하지 않았던 때라 여자가 일하면 팔자가 세다고 했을 거라는 생각이 들었다. 세상이 변하면 가치관도 달라지는 법. 팔자가 세다는 말을 '활동적'이라든가, '자기 주도적'이라는 말로 관점을 바꾸니 당당해질 수 있었다. 요즘 추세에 딱 맞는 여성상 아닌가. 그래서인지 종종 프랑스의 모델이자 영부인인 카를라 브루니를 닮았다는 얘기를 듣는다.

 콤플렉스란 남과 같지 않아서 생기는 불편한 마음이다. 이 생각의 대부분은 혼자만의 생각일 경우가 많다. 유독 나 혼자만 신경 쓰고 있다는 것만 인식해도 벗어나기 쉽다. 나중에 안 일이지만, 내 주위 사람 중에 내가 광대뼈가 나와서 팔자가 셀 거로 생각한 사람은 아무도 없었다. 내가 그토록 고민했던 일이 아무것도 아니었다니. 내가 나를 콤플렉스라는 감옥 속에 가두고 괴롭힌 거였다. 콤플렉스라고 생각하는 부분을 나만의 매력이라고 여기며 자신감을 가지면 어떨까. 관점만 조금 바꾸면 특별한 나, 개성 있는 나로 다시 태어날 수 있다. 아름다운 사람은 콤플렉스가 없는 사람이 아니라 자존감과 자신감이 충만한 사람이다. 지금 나는 수시로 광대를 한껏 승천시키며 산다. 이 나이에, 이 정도 매력이면 됐지 뭐. 근거 없는 자신감이라고 해도 좋다.

/

인생은 어차피 위태로움의 연속,
낡은 나무다리 위를 걷는 것 같은
아슬아슬함과 수시로
맞짱 뜰 수 있어야 한다.

별일 없는 하루하루가 조금 지루해졌다. 이럴 때는 뭔가 새로운 에너지가 필요하다는 신호다. 풍경 사진의 대가 마이클 케나의 사진전을 보러 갔다. 도시 한복판의 공근혜 갤러리는 섬처럼 고요했다. 전시장은 '길'이라는 주제에 걸맞게 잔잔한 뉴에이지 음악이 흐르고 있었다. 삼척 '솔 섬'의 존재를 알렸던 그녀의 사진은 하나같이 수묵화처럼 담담하고, 서정성이 짙었다.

'Crumbling Boardwalk'이라는 제목의 사진 앞에서 나는 숨이 턱 멎는 듯했다. 안개가 피어오르는 강에 놓인 나무다리가 강 한가운데서 툭 끊겨 있었다. 게다가 나무판자로 만들어진 다리는 썩고 낡아서 금방이라도 부서져 내릴 것처럼 위태로워 보였다. 내가 그 다리 위를 위태롭게 건너가는 것 같은 착각이 드는 순간, 내 삶의 위태로웠던 순간이 떠올랐다.

고 3 국어 시간. 똑, 똑, 똑 노크 소리가 들리더니 담임 선생님이 빼꼼히 얼굴을 내밀었다. 아이들의 시선은 일제히 앞문 쪽으로 향하고 나는 뭔가 찜찜한 기운이 서서히 내 쪽으로 다가오는 것을 느꼈다. 이윽고 내 이름이 불려지고 나는 뭔가를 훔쳐 먹다가 들킨 사람처럼 화들짝 놀라

복도로 나갔다. 담임이 내 어깨에 잠깐 손을 얹었던가? 내 손목을 잡았던가? "어서 집에 가봐, 엄마가…" 하는 소리만 꿈결인 듯 아득하게 들렸다. 아마 이건 꿈일 거야. 꿈 중에서도 몹시 나쁜 꿈! 황태처럼 마른 몸으로 누워 지각하기 전에 빨리 학교 가라고 허깨비 같은 손을 휘이, 휘이 젓고 있던 엄마의 모습이 떠올랐다 사라졌다. 그제야 봇물 터지듯 눈물이 터졌다.

엄마가 세상에서 사라졌는데 세상은 끄떡없이 잘 돌아갔다. 나는 아무 일 없었다는 듯이 밥을 씹어 삼키고, 잠을 자고, 학교에도 가고…. 그때 내가 얼떨결에 알게 된 것은 삶이 위태로워도 삶은 삶으로 이어진다는 것이었다. 절망 앞에 서면 절망에 사로잡혀 꼼짝없이 당하고 있을 게 아니라 '그럼 어떻게 하지?' 떠올려보고 행동으로 옮겨야 한다는 것도 알게 됐다. 인생은 어차피 위태로움의 연속, 낡은 나무다리 위를 걷는 것 같은 아슬아슬함과 수시로 맞먹을 수 있어야 하는 것이었다. 우리는 모두 드라마 '미생'의 대사처럼 '삶'이라 쓰고 '버티기'라고 읽으며 살아가는 건지도 모른다.

갤러리의 중앙 계단에 잠시 앉았더니 양쪽으로 보기 좋

게 전시된 사진 속 풍경들이 한눈에 들어왔다. 사진 속의 길들이 나를 언덕으로, 산으로, 바다로, 강으로 마구 데려다 놓는 것 같았다. 나도 나만의 길을 따라 뚜벅뚜벅 걸어가자는 마음이 들었다. 길이 끊기면 다시 이으면 되고, 길이 없으면 만들어 가면 된다. 갤러리 밖으로 나왔더니 차가운 겨울바람이 시원하게 느껴졌다. 삼청동 골목 어딘가에서 봄이 사분사분 걸어오고 있었다.

이 책에서 나오는 이야기 찾아보기

가족 161
감정의 타당성 100
갱년기 38
거절 56
걱정과 잡념 80, 87
건강 48, 83
건망증 48
결단 141
결핍 66
결혼 생활 34, 73, 121
결혼과 해혼 73
경험 172
고요 196
관계 45, 76, 106, 130, 161, 228
권태로운 일상 109, 216
나이 듦 16, 94, 97, 127, 190, 222
남편 30, 41, 69, 124, 228
느리게 사는 연습 184
다시 시작 141
담백함 106
돈, 돈, 돈 118
맞짱 243
모성애와 죄책감 19
밥심보다 꽃심 13
변화 177
부러움 235
불안 145
비워야 하는 순간 210

빈틈 181
사랑 121, 156
삶을 대하는 태도 152, 165, 172, 181, 184, 196, 199, 206, 213, 243
삶의 정답 206
숨 쉴 곳 103
아줌마 94, 177, 190
안식 휴가 26
어른 231
엄마 90, 156
엄마여자의 꿈 168
여자의 품격 16
여행 26, 134, 202, 228
오래된 물건 112
외로움 23
위로가 되는 말 45, 175
육아 19, 51, 90, 137
의미 165
이벤트 225
인연 187
잃어버린 밤 115
자신감 239
정리 정돈 130, 193
좋은 사람 코스프레 56
중년 23
집 149
집안일 193, 219
최선을 다하는 삶 152

콤플렉스 239
행복 199
헌신 59
혼자 노는 방법 23

그나저나 나는 지금 과도기인 것 같아요

초판 1쇄 발행	2017년 4월 6일	펴낸곳	가디언
초판 2쇄 발행	2017년 5월 18일	출판등록	제2010-000113호 (2010.4.15)
지은이	김재용	주 소	서울시 마포구 토정로 222
펴낸이	신민식		한국출판콘텐츠센터 319호
		전 화	02-332-4103
책임편집	경정은	팩 스	02-332-4111
편 집	정혜지	이메일	gadian7@naver.com
디자인	임경선	홈페이지	www.sirubooks.com
마케팅	이수정 최초아		
경영지원	백형준 박현하	인쇄·제본	(주)상지사P&B
		종이	월드페이퍼(주)
ISBN	978-89-98480-76-9 03810		

* 책값은 뒤표지에 적혀 있습니다.
* 잘못된 책은 구입처에서 바꿔 드립니다.
* 이 책의 전부 또는 일부 내용을 재사용하려면 사전에 가디언의 동의를 받아야 합니다.
* 시루는 가디언의 문학·인문 출판 브랜드입니다.

이 도서의 국립중앙도서관 출판예정도서목록(CIP)은 서지정보유통지원시스템 홈페이지(http://seoji.nl.go.kr)와 국가자료공동목록시스템(http://www.nl.go.kr/kolisnet)에서 이용하실 수 있습니다. (CIP제어번호 : CIP2017007494)